첨병하고   고요해지면서

첨벙하고   고요해지면서

이택민 요가 에세이

추천의 말 1

신체를 움직이고 단련하는데 내면의 평화가 찾아오는 이유는 무엇일까. 살아가면서 온전히 나의 육체와 정신에 집중해 본 경험이 있는가.

대부분 사람들은 빠르게 변화하는 현실 속에 적응해 내기 바쁘며, 몸과 마음을 들여다볼 여유 또한 사치로 여기게 된다. 그런 시간 속에서 누군가는 요가원을 찾아 삶을 살아가며 마주하는 부정적인 것들을 다루는 법에 대해 작은 매트 위에서의 움직임을 통해 스스로 깨우친다.

고통을 연습하는 것. 고통 속으로 들어가는 것. 그리고 꿋꿋이 버티고 유지하는 것. 그러다 보면 어느 순간 고통은 지나가고, 나는 분명 한 단계 성장해 있다.

이 책은 그 성장 과정 속에서 인지하지 못했던 자신의 무한한 가능성을 깨닫고, 스스로의 부드러움과 견고함을 다듬으며, 지쳐있던 심신을 좋은 에너지로 가득 채워내는 선물 같은 순간들을 함께 나눠준다.

　묵묵히 애써보기도, 모든 걸 다 내려놓기도 하는 그 모든 과정을.

요가 안내자 심주영

차례

추천의 말 1

1부 지나가는 고통을 바라보십시오

침병하고 고요해지면서	13
신호등	20
살아진다	23
FOCUS ON ME	24
차담	26
사바아사나	28
편안함에 이르렀나	30
어느 날은	35
고통은 지나간다	37
오금은 저려오고 눈물은 흐르고	40
요가와 작문	44
조용히 흐른다	46

시간을 넘기며	48
균형	52
빈야사 플로우	56
무(無)의 상태	60
소금기를 머금은 것들	64
틈	66
드러내지 않음의 미학	70
호흡, 반다, 시선	72
몸이 주는 신호	76
영혼의 합창	78
분리 주시	82
색종이 접듯	84
자신도 믿지 못한다면	87
생을 정면 돌파하는 사람들	90
中道	94
봄비	96
머무는 훈련	98
고해성사	100
부처님 손바닥	102

존중	104
단말마의 비명	107
주저하지 않기를	108

2부 나는 나의 난제이다

You Better Let Somebody Love You	115
동아줄	119
덧대어지다	122
서로가 서로를	124
저마다의 노래	126
무해한 비웃음	127
소란	130
저도 글을 쓰고 있어요	134
나무	137
곁을 내어준 것들은 왜	140
물 밖의 물고기	142
반복	144
여름 나기	147

의문들	148
에카파다 라자카포타	151
마음에	154
엉켜버린 줄	156
오래 머문 마음	158
나는 영웅이 아니다	160
삐그덕대는 하루일 뿐	164
끊어내기	166
난제	168

개정판을 펴내며
저자의 말
추천의 말 2

1부

지나가는 고통을 바라보십시오

첨벙하고 고요해지면서

지인의 추천으로 동네의 요가원을 알게 되었다. 제로 웨이스트를 실천하고 남성도 이용할 수 있다는 말에 관심이 갔다. 한 번쯤은 요가를 배워보고 싶다는 막연한 생각도 언제부턴가 가지고 있었지만, 정작 요가원에 연락하고 수강권을 끊기엔 용기가 부족했다. 낯설고, 어색하고, 잘하지도 못할 텐데… 그냥 혼자 할 수 있는 러닝이나 계속하자, 라고 생각했다.

그러던 어느 날, 카페에 앉아 에세이 수업 커리큘럼을 작성하는 데 불현듯 요가 생각이 났다. 내가 배우지 않고서는 누군가에게 알려 줄 수 있는 게 없다고 느껴졌다. 지금 준비하고 있는 수업의 내용은 비단 글쓰기뿐만 아니라, 삶을 대하는 태도와 기록하는 습관에 관해 이야기하고자 했던 것인데, 그렇다면 나는 과연 어떤 삶의 태도로 인생을 대하고 있는지, 무엇을 바라보며 기록하고 있는지 자문하게 되었다.

소란스러운 연말을 보내고 있는 이때, 마음의 파도는 요동쳤고 생각의 나무는 쉴 틈 없이 흔들렸다. 차분해지고 고요해지고 싶었다. 지난 4월, 운동 일지를 쓰기 시작하면서 적어냈던 문장이 떠올랐다. "달리고, 타고, 차면서 그리고 첨벙하고 고요해지면서 느낀 것들." 트랙을 달리고, 자전거를 타고, 공을 찼지만, 여전히 반년이 넘도록 무언가에 첨벙하고 빠지지도, 마음이 고요해지지도 못했다. 한 해를 마무리하며, 또 다른 한 해를 맞이하며 새로이 시작할 무언가가 있다면 그게 바로 요가라는 생각이 강하게 들었다.

요가원에서 운영하는 블로그를 찾아보고, 문자로 궁금한 점을 여쭤봤다. 체험 요가를 한 번 받으러 오라는 말에 며칠 후 요가원을 찾았다. 방문 전 인스타그램 피드를 살펴보니, 최근 날짜에도 반팔 차림으로 요가하는 모습을 볼 수 있었다. 가벼운 차림에 패딩을 걸치고 요가원으로 향했다. 집에서 도보로 10분밖에 걸리지 않았지만, 부러 발걸음을 늦췄다.

수줍게 선생님에게 인사를 건네고 탈의실로 들어와

옷걸이에 웃옷을 걸었다. 이미 와 계신 수강생분이 맨발인 것을 확인하였기에 나도 양말을 따라 벗었다. 선생님의 안내를 받아 대여용 매트를 깔고 앉았다. 수련 시간이 될 때까지 무엇을 해야 할지 몰라 멀뚱멀뚱 주변을 살펴봤다. 오른쪽 벽면 앞 테이블 위엔 다기가 놓여 있었다. 수업이 끝나고 일정표를 확인해 보니, 금요일 오후엔 차를 내려 마시는 시간이 있었다. 시간에 맞춰 한 분이 더 오셨고, 나를 포함하여 3명의 수강생이 선생님의 호령에 맞춰 몸을 움직이기 시작했다. 분명 간단한 동작들임에도 몸이 따라주질 않았다. 마음의 고요를 원했는데, 거푼 숨이 거칠어지고 미간이 찡그려졌다. 이것은 수행이라기보단 고행에 가까웠다. 연신 고통스러워하는 모습에 선생님은 내게 맞는 동작을 알려줬다. 미간이 종잇장처럼 꾸겨질 때면, 자신의 감정이 표정으로 나오지 않도록 유의하자고 했다. 그의 말을 이해하며 몸을 이완하는 동작과 한마음으로 호흡했다. 숨을 깊게 들이쉬고 조용히 내뱉었다.

　내 왼편에 누워있는 분은 요가를 어느 정도 하신 분 같다. 같은 남자인데 나와는 다르게 몸이 유연하다. 그냥 유연한 게 아니라 입이 떡 벌어질 정도로 유연하다. 골반은 열려있고 어깨 근육은 말랑해 보인다. 선생님의 요구

사항을 자신의 몸을 통해서 그대로 구현한다. 반면 나는 어떻게 동작을 이어가야 하는지, 요가 용어는 물론이거니와 선생님의 간단한 자세 설명조차 이해하지 못한다. 몸이 말을 듣지 않으니 다른 어떤 말도 귀에 들어오지 않는다. 이미 내 이마엔 땀이 송골송골 맺혀 있었다.

옆에 있는 그가 부러웠고, 그와 비교하는 내가 부끄러웠다. 1개월을 배워볼까, 이왕 하는 거 3개월을 해볼까 하는 고민이 무색했다. 그 마음은 '아, 그냥 하지 말까'까지 이어지려 했다. 다음 동작을 이어가지 못한 나는 그들과 달리 현재 나의 수준에 맞는 자세를 취했다. 그런데 이게 웬걸, 이것도 힘들다. 다리를 숫자 '4' 모양으로 구부려 복부로 끌어와 고관절을 풀어주는, 보기엔 지극히 쉬운 스트레칭 자세였다. 이 자세마저 고통스러워하면서 어떤 동작을 욕심내었던 것인지.

한 시간가량 수련하고, 마지막으로 요가 매트 위에 누워 담요를 덮고 명상하는 시간을 가졌다. 담요의 은근한 무게감에 몸이 차분해졌다. 어깨에 힘을 풀고 허리에 정신을 모았다. 몇 분 누워있지 않았는데 몸이 한 뼘 가라앉는 느낌을 받았다. 이상했다. 그리고 신기했다. 형언할 수 없는 오묘한 느낌이 가슴 깊숙한 곳을 찔렀다. 가라앉은 몸으로 인해 일순 마음이 평안해졌다. 수련을 마치고 담요와 매트를 개면서 생각했다. 고요는 밖에 있는 것이 아니라고. 심지어 요가로부터 찾을 수 있는 것도 아니라고. 그것은 이미 내면에 존재한다고. 내재한 무언가를 다시 찾을 수 있도록 도와주는 것. 이것이 내가 느낀 요가의 첫인상이었다.

겉옷을 걸쳐 입고 나와 원장님과 상담을 거쳐, 3개월 치 수강료를 선불로 지불했다. 마침 신년 이벤트가 진행 중이어서, 1개월의 시간과 8회 수강권을 추가로 받을 수 있었다. 요가원 계단을 내려오며 4개월 뒤의 나는 어떤 모습으로 변해있을지 궁금해졌다. 남과 비교하는 옹졸한 마음은 훌훌 털어버리고 가슴을 활짝 펼치고 있기를 바란다. 고개를 들고 턱을 명치로 가져오자. 말린 어깨를 펴자. 말린 마음을 펴자.

2023년 어느 낮에
서문을 대신하며, 이택민

신호등

오늘은 두 번째 수련이자 첫 번째 정기 수업 날이다. 왠지 모르게 아침부터 설렌다. 무언가를 새로 시작할 때 걱정보다 기대가 앞섰던 적이 언제였던가!

 퇴근 후 카페에 들러 시인의 에세이를 스무 장 정도 읽었다. 차분히 마음을 가라앉힌 후, 시간에 맞춰 요가원을 찾았다. 저녁 타임은 처음이라 사람이 많을 줄 알았는데 나 포함 4명이다. 공교롭게도 선생님 바로 맞은편에 매트를 깔았다. 시작 전엔 초보자의 형편없는 실력을 다른 이들에게 보이는 게 쑥스러웠지만, 수련하며 모르는 동작을 좌우 사람들에게서 보고 배울 수 있었다.
 첫날과 같은 하타 요가였지만 진행해 주시는 선생님이 달랐다. 알려주시는 분에 따라 같은 종류의 요가라도 다르게 느껴질 수 있다고 들었는데, 오늘이 딱 그랬다. 정적인 원장님(처음 수업을 진행해 주신 분)과 다르게 C 선생님은 꽤 동적이었다. 한 자세를 오래 유지하기보단, 호흡을 몇 차례 내뱉고 바로 다음 동작으로 넘어가는 방식으로 진행됐다. 나는 여러 번 자세를 고쳐 가며 매트 위를 굴러다녔다.

    새로운 동작을 취할 땐 내면의 두려움을 마주했다. 천장을 바라보고 매트에 누워 두 다리를 머리 뒤로 넘기는 동작이었다. 옆 사람은 자연스레 다리를 열두 시 방향으로 들어 올렸고, 나는 한참 동안 9시 15분에 머물렀다. 선생님은 반동을 이용해서라도 다리를 넘겨보라 했지만, 고장 난 도개교처럼 다리를 들어 올리지 못했다. 몇 차례 다리를 들어올리기 위해 용쓰다 진이 빠진 채로 매트 위에 널브러졌다. 힘들어도 끝까지 동작을 이어가는 사람들 사이에서 멍하니 매트 위에 누워있는 나 자신이 부끄러웠다. 진실을 조금 내뱉고 스스로를 솔직한 사람이라 명명했던 어제처럼 초라해졌다.

    앞으로 하나의 과제가 생겼다. 두려움을 피하지 않고 마주하는 것. 마주하는 것에 그치지 않고 그 이상을 넘어보는 것. 고작 두 다리를 등 뒤로 넘겨 머리 옆으로 가져오는 게 이렇게나 힘든 거였다니. 쉽게 시범을 보이는 선생님처럼은 아니더라도, 불가능할 것 같던 자세를 취했을 때의 기분을 맛보고 싶다. 위안으로 삼는 건 오늘이 첫 수련이고 아직 43번의 기회가 남았다는 사실이다.

첫 정식 수련을 마치고 요가원을 나섰다. 발걸음이 가볍고 몸이 춥지 않다. 땀과 함께 마음의 노폐물을 밖으로 내보냈던 걸까. 열을 내며 몸이 한껏 달아오른 걸까. 신호등의 새빨간 인간 모형이 마치 요가하며 후끈 달아오른 내 모습 같다.

저 붉은 사내처럼 아무 미동 없이 진득하게 부동을 유지할 수 있을까. 파란불이 켜진다. 길을 건넌다. 나는 과연 일정하게 껌뻑이는 푸른 사내처럼 차분하게 호흡할 수 있을까. 나에게도, 요가를 대하는 나의 마음에도 파란불이 켜졌으면 한다. 그러기 위해선 신호등이 파란불로 바뀌기만을 기다리는 것이 아니라, 내면의 두려움을 이겨내고 한 발 내딛는 용기가 필요할 것이다.

살아진다

종소리처럼 숨이 거칠게 왔다 얇게 퍼진다. 횟집 앞의 담배 연기처럼, 우리의 생처럼 그저 피었다가 진다. 흐릿해지는 몸의 균형. 희미해지는 내 안의 통점. 오늘은 다리를 들어 올려 머리 뒤로 넘겼지만, 발끝이 땅이 닿지 않았다. 타종 후 흔들거리는 당목처럼 다리가 공중에서 허우적거렸다. 네게 거짓 약속을 하며 손가락을 걸 수 없던 것처럼 허공을 맴돌았다. 안 되는 건 안 되는 그대로. 되는 건 그 순간을 제대로. 다시 종소리가 울린다. 종소리가 퍼진다. 종소리가 멈춘다. 종소리가 얕게 흩어진다. 마스크 안으로 웃음이 번지고 걱정은 사라진다. 폈다가 사라지는 것들 사이에서 우린 폈다가 사라진다. 그렇게 살아진다.

FOCUS ON ME

요가 시작 전, '집중 모드'를 켰다. 휴대전화가 울려 남들에게 방해가 되고 싶지 않음도 있었지만, 나 자신에 집중하고 싶은 마음이 컸다. 이 시간만큼은 남의 눈치를 보는 대신 스스로를 더 챙겨주고 싶었다. 나에게, 나의 감정에, 이 공간에, 현재 움직이고 있는 몸에, 거칠어지는 호흡에 집중하고자 했다.

오늘은 다리를 꼬는 동작이 많았다. 허벅지 뒤 근육이 뻣뻣한 나는 동작을 해내기 벅찼다. 야금야금 한 발 한 발 내디디며 골반을 벌리고 무릎을 폈다. 이마 위로 땀이 삐질 한 방울 흐를 땐 마음이 허벅졌다. 다리를 충분히 풀어준 덕분일까, 이전 3번의 수련 동안 버거웠던 쟁기 자세(할라아사나)가 수월했다. 허리에 손을 받치고 다리를 들어 올려 등 뒤로 천천히 넘겼다. 무릎을 쭉 뻗자 몸이 뒤로 기울었고, 이내 엄지발가락이 땅에 콕! 닿았다. 허리춤에서 손을 떼 매트 위로 느리게 내려놓았다.

　수련을 마치고 아이폰 메모장에 화수분처럼 쏟아내는 요가 이야기가 좋다. 학교에서 있었던 일은 아빠한테 미주알고주알 이야기하는 초등학생처럼 천진해지는 순간. 요즈음 내 영감의 노다지인 요가 수업이 아직도 40회 넘게 남았다는 사실이 내심 든든하다. 요가원 골목에서 나와 요가 일지를 적으며 걷고 있는데, 저 멀리 사거리 한 켠에 전기 통닭 트럭이 보인다.

　"아저씨! 한 마리 포장해 주세요!"

　머리 뒤로 다리를 넘긴 내게 통닭 한 마리를 선물해 준다. 오늘 밤엔 영화 한 편을 틀고 또 한 번의 '집중 모드'를 켜보련다.

차 담

금요일은 차담이 있는 날이다. 요가원에 도착했을 때 원장님은 이미 차를 준비하고 있었다. 그는 수강생들에게 보이차를 한 잔씩 따라주며 그 효능을 설명한다. 보이차가 몸을 뜨겁게 해주어, 요가 시 이완되는 몸을 다치지 않게 도와준다고 한다. 분한 마음을 가지고 있던 오늘 하루, 더운 차 한 잔을 마시며 마음을 가라앉힌다.

분한 마음에 차 한 잔…… 이내 '차분'해진다.

가슴 안쪽이 데워진 채로 요가를 시작했다. 금요일 오후엔 6명이 모였고, 원장님을 바라보는 방향이 아닌 셋씩 얼굴을 마주 보고 매트를 펼쳤다. 오늘은 빈야사 요가를 곁들인 하타 요가 시간이었고, 처음 요가원을 찾았을 때 원장님이 설명해 주었던 것처럼 빈야사는 동적인 동작과 초심자가 소화하기에 어려운 자세가 많았다. 그럼에도 조용하고 차분한 원장님의 응원에 골반을 내리고 무릎과 어깨를 벌렸다.

"무리하지 않아도 돼요. 지금 나의 몸 상태가 어떤지, 지금 나의 마음이 어떠한지 알아차리기만 해도 돼요. 이 시간을 통해 나를 좀 더 알게 되었다면, 그게 바로 요가한 겁니다." 이력서를 써놓고 이거 시다, 하면 시가 된다는 시인처럼 그저 나를 알아가기만 하더라도 요가라고 하는 그. 마음 한 구석이 조금 더 더워진다.

금요일 수련은 평소보다 10분 더 길었다. 80분이 빠르게 흘렀고, 시작 전 뻐근했던 등 근육은 말랑말랑해졌다. 분한 마음도 이미 사라진 지 오래. 몸을 조여내고 풀어내는 동안 감정의 나사도 절로 풀렸을까. 이슬비를 맞으며 집으로 돌아가는 길, 땀에 비가 섞여 이마가 더욱 촉촉해졌다. 덥혀지고 촉촉해진 마음으로 금요일 밤을 맞이한다. 그때 다시 한 번 스치는 생각.

"아― 요가 하길 잘했다."

사바아사나

몸을 매트 위에 편히 누인다. 눈을 감는다. 강사님은 천장 불을 끄고 담요를 덮어준다. 따듯하다. 오디오에선 강물 흐르는 소리가 나온다. 소리를 따라 나도 흘러간다. 어디로 흘러가는 걸까. 몸은 분명 여기 있는데, 정신은 과연 어디로 흘러가고 있을까. 실존하는 나는 지금 여기 있는데, 보이지 않는 나는 대체 어디로 가고 있는 걸까. 급류에 올라타 바다로 흘러가고 있을까, 와류에 휩쓸려 제자리를 맴돌고 있을까.

정신없던 하루를 보내고 요가원을 찾으면 집 나간 정신이 다시 돌아온다. 수련을 통해 보이지 않던 '나'가 보이기 시작한다. 동작을 취하며 지금 여기 있는 나를 발견한다. 몸을 꺾고 비틀고 웅크리고 펴내는 동안 심신이 하나가 된다. 나와 내가 함께하는 시간. 눈을 감고 흐름에 몸을 맡긴다.

"손과 발을 꽉 쥐었다가 툭— 힘을 놓아주세요."

정신의 하류로 흘러갈 뻔한 내게 구명환을 던지는 강사님. 아차, 튜브를 잡고 눈을 뜬다. 기지개를 켜고 모로 누워 태아 자세를 취한다. 조카 규리가 넉 달 전까지만 해도 취했던 자세일 테다. 몸을 일으켜 앉아 가슴 앞에서 합장한다. 우리의 영혼이 한 시간 동안 이 공간 안에서 함께 했다. 숨소리만 가득했던 요가원, 보이지 않는 영혼들끼리 한바탕 수다를 떨었을지도 모른다.

편안함에 이르렀나

다리를 꼬는 동작은 내게 가장 취약인 부분이다. 골반이 굳은 나에겐 기본 동작도 고난도 동작이 된다. 꼰 다리 사이로 팔을 집어넣어 깍지를 낀다. 그대로 무릎을 명치로 당겨온다. '숫자 4'가 '죽을 死'가 된다.

    발목을 바닥에 대고 옆으로 벌려 엉덩이를 낮춘다. 발목은 뻐근하고 허벅지는 자꾸만 바깥으로 튀어 나간다. 제자리를 찾기가 좀처럼 쉬운 게 아니다. 결국 요가 블록의 도움을 받아 자세를 고쳐 앉는다. 발목과 골반이 얼얼해질 때까지 유지한다. 가만히 앉아 있는 게 결코 쉬운 일이 아니다(나처럼 몸이 뻣뻣해 정자세를 취하지 못하는 이들을 위해 원장님은 직사각형 요가 블록을 내어준다. 소도구 덕분에 몸의 균형을 유지하며 동작을 이어갈 수 있다).

*

"아사나를 취했을 때 평소와 다름없이 편하다면, 평소 습관대로 자세를 취하고 있는 건 아닌지 확인해 봐야 해요. 완전한 자세가 곧 편안한 자세는 아닙니다."

어깨너비로 벌린 두 손 사이로 오른발을 가져온다. 양 무릎을 펴고 허리를 내린다. 손바닥이 바닥에 닿아야 하는 데 도무지 허리가 접히질 않는다. 급할 때 꼭 먹통인 엘리베이터 닫힘 버튼 같다. 숙인 허리를 올린다. 왼손을 오른발 안쪽으로 가져온 뒤 천장을 향하도록 허리를 비틀어 오른손을 치켜든다. 발표하기 싫은 초등학생처럼 팔이 올라가지 않는다. 휘청이는 몸통과 가라앉는 어깨. 결국 중심을 잃고 쓰러진다. 또 한 번 블록의 도움을 받아 자세를 취한다. 그사이 열 호흡이 지나갔다. 자세를 유지할 땐 느리게만 느껴졌던 열 호흡이 아사나에서 빠져나오자 고작 몇 초에 불과하다.

반대 방향으로 한 번 더 동작을 취하고 나서야 요가가 마무리되었다. 평소처럼 마지막 자세는 사바아사나. 눈을 감고 턱을 잡아당기고 손바닥이 하늘로 향하도록 바닥에 내려놓았다. 담요를 덮자 몸이 가라앉는 기분이다. 1분도 채 안 되는 사이 선잠에 들었다. 생경한 장면들이 여럿 스쳤는데 기억이 나지 않는다. 찰나의 꿈속에서 나는 무엇을 마주했을까. 아주 짧은 소설을 읽었을까. 아주 짧은 영화를 보았을까.

"오늘도 평안한 밤 되세요. 저희는 내일 오전에 또 만나요. 옴 샨티."
"오옴 샨티이—"
"옆 사람과도 인사를 나눠주세요."
"수고하셨습니다."
"고생하셨습니다."

*

요가원을 나와 아파트 단지 뒤편으로 이동한다. 처음으로 요가 후 러닝을 해본다. 후드를 뒤집어쓰고 달리기 시작하는데 영 속도가 나지 않는다. 1km가 지났다는 안내 음성이 나온다. 1km 평균 속도 6분 17초란다. 평소보다 1분 가까이 느린 속도다. 좀 더 빠르게 달리고 싶었지만, 요가하며 모든 기운을 기진했을까 어려운 동작을 취할 때처럼 몸을 마음대로 가눌 수 없다. 그러다, 문득 떠오른 한마디. 완전한 자세가 곧 편안한 자세는 아닙니다.

때때로 불안에 휩싸이는 건 자세를 연신 고치던 오늘처럼 완전에 가까워지기 위해서 아닐까. 무작정 빠른 것을, 무턱대고 힘을 주는 것을, 목표 의식 없는 답보 상태를 지양해야 한다. 편함만을 추구했다면 하지 않았을 것들에 시도하고 있다는 사실이 중요하다.

정처 없이 동네 한 바퀴를 돌고서 집으로 돌아왔다.

어느 날은

왼쪽 어깨가 찌뿌둥하고 등이 저리다. 목은 칼칼하고 온몸이 으슬으슬하다. 아무래도 감기 몸살이다. 걸린 건 몸살인데, 몸에 살이 붙은 듯 움직임이 둔하다. 갑작스레 추워진 날씨 때문일까 걸음걸이도 느릿하다.

 잔뜩 움츠러든 몸으로 찾은 요가원. 오늘은 평소보다 동작이 더디다. 야금야금 열리던 골반이 금세 닫힌 걸까. 왼다리를 뒤로 길게 뻗고 오른다리를 구부리는데 동작이 이어지질 않는다. 지금까지 7번의 수련을 하는 동안 한 번도 쉬운 적이 없었다지만, 오늘은 특히 몸도 마음도 무겁다. 왜 그렇게 느끼는가 하면 평소 울림을 주던 원장님의 말씀도 귀에 들어오지 않기 때문이다. 그저 입력한 대로 움직이는 로봇이 된 것처럼 다음 동작만 생각한다. 그것만으로도 벅차다.

요가를 마치고 요가원을 나오니 결렸던 어깨가 풀려있다. 무리하지 않아도 몸은 알아주는 걸까. 무리하지 않아서 몸이 풀린 걸까. 가벼워진 어깨로 큰 원을 그리며 허공을 휘젓는다. 상가 복도를 지나다 약국에 들러 목감기약을 산다. 오늘 밤은 요가할 때처럼 그저 복용법에 맞춰 식후 30분 알약 두 알을 챙겨 먹고 일찍 잠을 자야겠다. 어느 날은 무리하지 않아야 한다. 어떤 날은 무리하지 않아도 좋다.

고통은 지나간다

"고통은 지나갑니다. 지나가는 고통을 바라보십시오."

플랫폼에 정차하지 않고 지나가는 기차를 바라보듯, 고통도 그저 바라보라고 한다. 하지만 내게 찾아온 고통은 타임 루프 영화처럼 기차가 역으로 들어서는 때로 무한 반복된다.

오늘은 유독 땀을 많이 흘렸다. 여느 때처럼 추운 날씨였다. 그 때문에 요가원 난방 온도를 올려서일까, 아니면 오늘의 동작들이 나를 조금 더 자극한 걸까. 몸과의 대화가 서툰 나로서는 그 이유를 알 방도가 없다. 몸을 매트 위에 누인 상태에서 양 무릎을 구부리고, 손목을 뒤집어 귀 옆으로 가져왔다. 팔꿈치를 쫙 펴면서 있는 힘껏 등을 천장으로 끌어 올렸다.

활처럼 굽은 아치 자세(우르드바 다누라아사나)를 취해보지만, 내 허리는 망가진 활이다. 아니, 정확히는 제 기능을 못 하는 활. 충분히 휘어지지 않아 화살이 날아갈 탄력을 제공하지 못하는 활이었다. 낑낑대는 내게 원장님이 다가왔다. 그의 도움을 받아 활시위를 당겼다. 무를 뽑듯 바닥에서 허리를 뽑는다는 느낌으로 있는 힘 껏 복부를 끌어올렸다. 그러자 바닥에서 머리가 뜨고 허리가 두 뼘 정도 위로 솟았다. 가까스로 화살 하나를 날려 보냈다.

눈을 감고 누워 수련을 복기했다. 완전히 자신을 풀어줘야 하는 시간인데, 왠지 모를 아쉬움으로 고통도, 지나간 시간도 놓아주지 못했다. 활처럼 허리를 꺾지 못했던 건, 나의 고통을 몸 안에 담아두었기 때문이다. "다음에 오는 버스 타면 되지!" 하는 마음으로 눈앞에 지나가는 버스를 놓아주어야 했거늘, 지나가 버린 버스의 뒷모습에 계속 집착했다. 고통을 즐기진 못하더라도 제삼자의 시선으로 바라봐야 했거늘, 공감 능력을 발휘하여 고통과 함께 괴로움을 나누었다. 원장님이 한 말을 기억하지만, 정작 그 말을 행동으로 옮기지 못했다.

지금까지 요가하며 무리하지 않아야 한다는, 근육을

놀라게 하면 안 된다는 생각을 은연중에 해 왔던 것 같다. 배트맨이 지하 감옥에서 탈출할 수 있었던 건 허리춤에 맨 밧줄을 끊어내서였다. 안전을 위한 장치가 때로 발목을 잡는 족쇄가 된다. 수련을 통해 한 단계 앞으로 나아가기 위해서는 고통을 직시하고, 그 고통을 놓아주는 담대함이 필요하다. 밧줄을 끊어내듯 내면의 두려움을 끊어내야 한다.

오금은 저려오고 눈물은 흐르고

이마에 땀이 송골송골 맺힌다. 미간을 타고 콧등을 따라 흐른 땀이 마스크 안으로, 입안으로 들어온다. 땀맛이 쓰고 짜다. 연이어 입술을 적시는 땀 한 방울. 그야말로 '쓴짠쓴짠'이다. 오늘은 처음으로 빈야사 요가를 수련하고 쓴맛을 제대로 본 날이기도 하다. 하타 요가와는 다르게 확실히 몸을 많이 움직였다. 과장 한 꼬집을 더하자면, 한 시간 동안 쉴 틈이 일 초도 없었다. 동작을 잠시 멈춰도 속 근육은 계속해서 꿈틀거렸다.

다운 독(아도 무카 스바나사나)은 다음 자세를 이어가기 전 잠시 쉬었다 가는 기착지 같은 동작이었다. 소위 학창 시절에 벌로 서던 엎드려뻗쳐와 유사했지만, 그 당시 빈둥거리고 선생님 눈을 피해 요령을 피우려는 마음가짐과는 사뭇 달랐다. 되려 더 불편한 자세를 찾으려

애썼다. 몸이 편하다는 건, 평소 습관대로 자세를 취하고 있다는 뜻이었으므로. 연이은 동작에 입안이 바짝 말랐다. 들숨은 거칠고 날숨은 건조했다. 목감기 기운이 아직 남아 있던 터라 목 끝은 더욱 걸걸했다.

    양발을 앞뒤로 벌렸다. 골반에 손을 올린 후 그대로 허리를 숙였다. 괜스레 울컥한 기운이 올라와 눈물이 맺혔다. 불현듯 지인이 요가의 효능과 요가원을 추천해 주며 함께 건넸던 말이 떠올랐다. 사바아사나를 하며 눈물을 흘렸다는 것. 그런데 나는 지금 그와 달리 버거운 동작을 하고 있는데, 왼쪽 오금이 자꾸 저려오는데 왜 눈물이 나오려고 하는지. 머리를 수그리니 피가 쏠리다 못해 눈물까지 쏠리는 걸까. 세 명의 수강생 중 가운데 자리를 차지하고 있던 나는 마음을 다잡고 눈물을 꼬깃꼬깃 눈물샘 안으로 집어넣었다.

　수련을 끝내고 나온 뒤 편의점에 들러 꿀 유자차를 샀다. 뜨뜻미지근한 음료를 벌컥벌컥 들이켰다. 공복에 달달한 기운이 들어찼다. 오늘 요가도 그러했다. 첫 빈야사 수련에 지레 겁을 먹기도 했지만, 언제나 그랬듯 수련 후에 찾아오는 후련함과 뿌듯함은 내게 파도처럼 밀려와 우두커니 서 있던 나의 발을 찰박 적셨다.

*

　이틀 전 요가원에 찾았을 때 원장님께 조심스레 의견을 물었다. 나와 같은 초보자도, 아시다시피 저같이 뻣뻣한 몸을 가진 사람도 빈야사를 해볼 수 있겠느냐고 말이다. 원장님은 한 번 도전해 보는 게 어떻겠냐고 했다. 실은 이 말을 듣고 싶어서 공연히 바보 같은 질문을 던진 걸 수도 있다. 원장님 성품으로 미루어 보았을 때, 초보자가 빈야사 수업을 신청했다 하더라도 오늘처럼 세심히 자세를 지도해 주고 은근한 용기를 북돋아 줬을 테니까.

　한 시간 동안 빈야사의 흐름에 집중하고 나자 자연스레 다음 요가 수업도 기다려지기 시작했다. 앞으로 점점 요가 용어를 알게 되고, 동작을 이어 나가는데 거리낌이 없어진다면, 수련의 과정을 더욱 오롯하게 느낄 수 있을 것 같다는 생각이 들었다.

참, 요가 매트를 사고 싶어졌다. 오늘 수련하며 땀을 워낙 많이 흘리다 보니 공용 매트를 이용—수련 후 알코올 소독제를 뿌리고 마른 수건으로 매트를 닦는다—하는 게 눈치 보이기도 했고, 이 매트를 사용하는 사람들도 흥건한 땀을 흘릴 거란 생각에 찜찜하기도 했지만, 단순히 이런 마음뿐만은 아니었다. 올해 초, 주변 사람들에게 요가를 시작했다고 하자, 수련하다 보면 요가 매트가 사고 싶어질 것이라고 호언장담하는 지인이 있었다. 그처럼 내게도 장비욕이 생긴 걸까. 그것이 장비욕이든, 성취욕이든 간에, 요가에 대한 욕구가 생겼다는 건, 좀 더 수련을 즐겨보고 싶다는 뜻으로 해석됐다. 왠지 모를 뿌듯함이 또 한 번 나를 적셨다. 오늘로써 열 번의 수련을 마쳤다.

요가와 작문

Simple is best. 가장 간단한 것이 가장 좋듯, 가만히 자세를 유지하는 것이 가장 좋다고, 동시에 가장 어렵다고 했다. 그리고 부동을 지속하는 동안 찾아오는 고통을 주시해야 한다고 첨언했다. 여기서 주시(注視)란 고통을 그냥 바라보는 게 아니라, 고통을 끊어내고, 나를 밖으로 끄집어내어 제삼자의 입장에서 바라봐야 한다는 것이었다. 또한 동작을 취할 때 가장 기본이 되는 건 손끝과 발끝이라며, 끝이 흐트러지면 몸은 절로 흔들리기 때문에 지속해서 의식하고 집중해야 한다고 거듭 강조했다.

오늘도 원장님은 수련 도중 여러 좋은 말씀을 해주었다. 요가에 대한 상식과 수련 중 가져야 하는 마음가짐에 대한 이야기였다. 몸을 움직이며 그의 말을 듣는데,

이런 생각이 스쳤다. 요가와 작문이 크게 다르지 않다고.

　백지 위에 감정을 토로하지 않는다. 단어를 선택하고 문장을 엮어가는 과정을 통해 감정을 절제한다. 수련 중 고통이 찾아와도 인상을 쓰지 않는다. 호흡이 거칠어져도 소리를 낮추고 다시 호흡을 정돈한다. 소설이 첫 세 문장으로 판가름 나듯 산문도 마찬가지. 첫 문장에 신선한 충격을 주고 그 힘을 지속한다. 용두사미에 그치지 않도록 끝맺음을 확실히 한다. 합장의 의미를 헤아리며 손바닥 사이가 벌어지지 않도록 집중한다. 발가락 끝을 곤두세워 척추가 곧추서도록 한다.

　이처럼 요가와 작문은 비슷한 성질을 지니고 있지 않을까. 원장님 말마따나 고통을 주시하고 손발 끝에 집중하는 것은 감정을 지면으로 꺼내놓고 객관적인 시선으로 바라보며 윤문하자는, 글의 첫 문장과 끝 문장에 힘을 주어야 한다는, 평소 글을 쓰며 유념했던 부분들과 들어맞았다. 그뿐 아니라 요가와 작문은 힘을 주어야 할 때 힘을 주고, 힘을 빼야 할 때 힘을 빼는 것마저 닮아 있었다. 두 가지 모두 의식 없이 수련하거나 쓰다 보면, 그 끝이 어디로 향하는지 알 수 없는 것이었다. 요가를 하며 글을 쓰고 있지만, 실은 수련을 통해 글을 배우고 있다.

조용히 흐른다

몸을 움직인 지 5분 만에 호흡이 차오르고, 이마에 땀이 맺힌다. 아무 소리 없이. 아무 과장 없이.

　땀은 조용히 흘렀고, 호흡은 저 혼자 부산스러웠다. 풍경은 고요했고, 마음은 소란스러웠다. 통창 밖의 잔가지는 미동이 없는데 내면엔 세찬 바람이 불었다. 요가원에서 흘러나오는 음악은 완류였고, 내가 내뱉는 호흡은 급류였다. 빠르게 흐르기만 하고 잔잔해지는 법을 몰랐다. 실은 모든 것이 그래왔다. 나를 둘러싼 모든 것이 겨울밤처럼 그윽했어도, 내 마음은 불볕더위 아래 일렁이는 아스팔트였다.
　요가를 하며 부러 몸을 불편하게 한다. 누군가는 이 동작을 쉽게 쉽게 하니까. 나에게만 어렵다. 가을에 태어

났지만 여전히 가을이 어려운 나처럼, 태아 자세마저 조금만 오래 유지하면 불편한 기운이 감돈다. 그렇게 스스로를 불편하게 만들며 마음을 들여다본다. 불편을 마주했을 때의 기분을 관찰한다. 무례한 사람을 마주했을 때 취해야 할 행동을 떠올리듯, 꺾고 구부리고 조이고 모으는 동작에서 찾아오는 거북한 감각을 오롯이 느끼고자 노력한다. 조용하게 찾아오는 것들을 조용히 맞이할 수 있도록 거듭 연습한다.

    수련의 끝물엔 몸이 더 이상 움직이지 않는다. 요가 첫날, 원장님이 해주신 말씀을 떠올린다. 어느 날은 시작부터 몸이 잘 열리고, 어느 날은 아무리 해도 끝까지 열리지 않는다고. 어제 잘 됐던 동작이 오늘 갑자기 안 될 수 있다고. 이상한 게 아니라 당연한 거라고. 그럴 때일수록 내 몸과 마음 상태를 잘 살펴야 한다고. 평소보다 펴지지 않는 허리를 부여잡고, 남들보다 몇 초 빨리 요가 매트 위에 몸을 뉘었다. 조용히 숨을 고르고 조용히 눈을 감았다.

시간을 넘기며

나의 감정을 묵독한다. 1초, 2초, 3초⋯ 시간이라는 페이지를 조용히 넘긴다. 소설 속 주인공의 심정을 파악하듯 나를 살핀다.

어제의 다짐을 떠올리며 숨 고르기에 집중했다. 의식적으로 거칠어지는 숨을 눌렀다. 바깥으로 빠져나오는 표정을 삼켰다. 미간을 찡그리지 않고 두 눈을 지그시 감았다. 얼굴과는 다르게 몸은 자세를 취하고 돌아올 때마다 매트 밖을 벗어났다. 숨도 자세도 정돈이 필요했다.

불쑥 삐져나오는 부정적인 말을 누르고, 누군가의 비밀을 함구하듯 절제와 자제를 되새김질한다. 약 50분의 수련을 마친 후 무릎을 꿇고 앉는다. 팔과 어깨를 매트 바닥 앞쪽으로 쭉 내민다. 아기 자세(발라아사나)를

취하며 충분히 숨을 고른 후 머리 서기를 시도한다. 팔꿈치를 머리 옆에 대고 엉덩이를 천장으로 들어 올린다. 어깨의 긴장을 내려놓고 발끝을 세운다. 종종걸음으로 무릎을 최대한 배꼽 가까이 가져온다. 그대로 자세를 유지하기도 어려운데, 이 자세에서 호흡이 바로잡아야 한다. 모두에게 공평하게 주어진 4분 동안 머리 서기를 반복하여 시도한다. 가빠진 호흡이 정돈되었을 때, 발을 다시 한번 배꼽 쪽으로 당겨온다. 양 무릎을 천천히 들어 올린다. 하지만 다리는 전혀 그럴 의지가 없어 보인다.

    사실 마음속은 두려움으로 가득했다. 목이 꺾이진 않을까, 옆으로 넘어져 누군가에게 피해를 주지 않을까, 허리가 삐끗하진 않을까… 마음에 불신이 자리 잡고 있으니, 몸이 따라 줄 리 만무했다. 반동을 주지 않고 어떻게 머리를 땅에 대고 다리를 일자로 세울 수 있을까. 힐끔 쳐다본 오른편 수강생은 잘도 한다. 허리가 점점 구부러져 C자가 된다. 수개월 수년의 결과물이겠지만, 내겐 그 자세가 C언어만큼이나 생경하다.

    그 사이 4분이 지났고 한 번씩 기회가 더 주어졌다. 힘들면 누워서 쉬라고 했지만, 이대로 포기하기 아쉬웠다. 첫 동작부터 차근차근 다시 시도했다. 바둥거리는 발끝이 안쓰러웠는지 원장님이 다가와 내 다리를 번쩍 들어 올렸다. 단숨에 몸이 거꾸로 섰다. 호흡을 가다듬고, 어깨의 힘을 풀고, 팔꿈치에 힘을 주고, 발끝을 세우라고 한다. 여러 주문을 하나씩 소화하는 동안 균형이 자꾸만 무너졌다. 넘어가는 몸을 지탱하기 위해 원장님은 양손으로 내 발목을 잡았다. 그가 발에서 잠시 손을 뗀 순간, 아주 잠깐 몸이 거꾸로 선 기분을 느꼈다. 찰나와 순간 사이 내면의 두려움이 사라졌다. 아, 나도 할 수 있겠구나, 조금 더 수련하다 보면 옆 사람처럼 C자는 아니어도 일자로 몸을 세울 수 있겠구나, 하는 자신감이 생겼다. 오늘도 누군가의 도움을 받아 두려움을 없앴다. 두려움이 사라진 자리에 자신감이 살포시 내려앉았다.

    오늘의 경험이 앞으로 나를 더 수련에 매진하게 할

것임을 안다. 오늘의 기분이 나를 더 도전적으로 만들어 줄 것임을 안다. 성공은 성공을 믿는 것으로부터 시작한다고 했었나, 나는 언제고 머리 서기에 성공할 것임을 믿는다. 아니, 이미 알고 있다. 그 자세를 온전히 나의 힘으로 해내기 위해선 수백 번의 쓰러짐을 필요로 한다는 것 또한 안다. 시도에 도전을 덧대면 성공이 보인다. 나는 이 공식이 더는 허상이 아님을 안다. 수련의 마지막 페이지를 넘겼을 때, 나는 어떤 결말을 보게 될까. 해피엔딩이어도, 새드엔딩이어도 상관없다. 지금 나에게 중요한 건 시간을 넘기며 나의 상태를 알아가고 있다는 것이다. 오늘 나는 나를 조금, 아주 조금 알았다.

균 형

6일 만에 요가원을 찾았다. 화요일은 본래 하타 요가를 하는 날인데, 기존 강사님이 그만두셔서 원장님께서 빈야사 요가로 대체하여 진행하고 있다. 그렇게 오늘은 빈야사로 수련하며 몸의 밸런스를 잡았다. 아니, 잡아먹힌 것에 가깝다. 허리를 비트는 데 옆구리가 찢어지는 느낌이 들었다. 어깨를 비틀 땐 연거푸 균형을 잃고 넘어졌다. 넘어지고 일어서기의 반복. 오뚝이처럼 균형을 잃으며 몸이 기울었지만, 오뚝이처럼 곧장 다시 서기는 어려웠다.

양 발바닥을 땅에 대고 허리를 크게 비틀었다. 옆구리에 경련이 일었다. 풍선에서 바람이 빠지듯 매트 위로 힘없이 내려앉았다. 느리게 움직이던 몸이 이럴 땐 빠르게 제자리를 찾아간다. 내게는 비트는 것이 영 익숙지 않다. 허리를 비트는 것도, 골반을 비트는 것도. 심지어 문장을 비트는 것도, 삶의 방향을 비트는 것도.

    탄성 있는 나뭇가지를 꺾으면 활처럼 구부러진다. 반면 딱딱한 나뭇가지를 꺾으면 우지직— 부러진다. 뻣뻣한 몸도, 굳은 마음도, 아집의 생도 마찬가지. 근육이 찢어지지 않기 위해, 마음에서 바람이 새어 나오지 않기 위해, 반발심으로 생을 벼랑 끝에 내몰지 않기 위해 비틀기를 오뚝오뚝 시도한다. 힘든 건 나뿐만이 아니었는지 요가원이 거친 숨소리로 가득 찼다. 원장님의 구령에 맞춰 열 호흡, 다섯 호흡, 세 호흡을 뱉는다. 어느새 옆 사람과 같은 속도로 호흡하고 있다. 길게 뻗은 손끝에 집중하며 각자 매트 위에서 고투를 벌이고 있었을 텐데, 호흡이 같다는 이유만으로 괜스레 하나가 된 기분이다. 군대에서 고된 훈련을 함께 받은 것처럼 이름 모를 이에게서 전우애를 느낀다.

    어깨 서기 후 매트 위로 철퍼덕! 쓰러졌다. 원장님은 조명을 꺼주었고, 우리는 눈을 가볍게 감았다. 왠지 모르게 조용한 요가원, 스피커가 고장 났다고 한다. 보통 스피커에서 흘러나오는 물소리와 함께 어딘가로 떠내려가곤 했는데, 오늘은 어떤 소리도 없이 가만히 누워 안정을 찾았다. 원장님은 외부 소음이 있더라도 자신에게 집중하면 소음이 지나간다고 한다. 맞는 말이다. 요가원을 찾기 전 나는 다소 시끌벅적한 카페에서 글 작업을 하고 있었다. 타인의 대화 소리가 귓속으로 파고들 법도 했지만, 내가 나에게 집중하자, 내가 나의 할 일에 몰두하자 소음도 이내 백색소음이 됐다.

대자로 뻗어 있는 내게 시간이 들이닥쳤다. 왼발로 대과거가, 오른발로 현재가, 왼손으로 과거가, 오른손으론 미래가 동시에 왔다. 가락 사이사이로 들어와 가슴께에 모인 시간의 무게가 꽤 묵직했다. 조금 전 균형을 잃고 쓰러질 때와는 달리 고요하고 깊숙하게 가라앉았다. 영화 필름을 길게 늘어뜨려 오프닝부터 엔딩 장면까지 한 번에 바라보듯 평온을 느꼈다. 나의 과거를, 나의 현재를, 나의 미래를 한눈에 담아낼 수 있다면, 우리는 보다 균형 있는 삶을 살 수 있을까.

마음과 몸은 서로 깊은 영향을 주고받는다 심이란
글자 안에 신이 포개지듯 육체 안에 심장이 들어있듯

빈야사 플로우

빈야사의 뜻은 '흐르다'이다.

   오늘은 빈야사 요가를 하며 시간이 흘러갔다. 그 흐름을 타기도, 흐름에 휩쓸려 가기도 했다. 정처 없이 부유하고 있을 땐 원장님의 말에 중심을 잡았다. 지금이 무의미하게 흘러가지 않도록 정신을 다잡았다. 그러자 내 몸이 강 가운데 우두커니 내려앉은 바위가 되었다. 물살이 빨라도 나를 움직일 수 없었고, 스치고 가는 물고기도 나를 간지럽히지 못했다. 바위가 되자 모든 게 나를 거쳐서 흘러갔다. 하지만 그것들을 붙잡을 순 없었다. 흐르는 강물도, 바위를 치고 지나가는 물고기도, 하물며 물소리조차도.

처음으로 오후 8시에 요가원을 찾았다. 마지막 타임이라 사람이 많을 줄로 예상했다. 인스타그램 피드에 올라오는 사진만 보더라도 두 줄로 네 명씩, 족히 여덟 명은 되어 보였으니까. 그런데 오늘은 나를 포함해서 셋뿐이었다. 마침 당일 취소한 수강생이 많았고, 덕분에 소수에서만 가능한 동작을 이어 갔다.

수련 마지막쯤 머리 서기를 시도했고, 평소와 다르게 벽을 이용하기로 했다. 각자 매트를 끌고 벽 쪽으로 이동했다. 벽을 활용해 머리 서기(살람바 시르사아사나)를 원장님이 직접 시범해 주었다. 머리를 바닥에 대고 가뿐히 하체를 들어 올리는 원장님과 달리 나는 아무리 반동을 이용해도 도저히 몸을 일으켜 세울 수 없었다. 물론 반동으로 머리 서기를 하면 안 되지만, 오늘만큼은 그 느낌이라도 알아가기 위해 허용됐다.

두 발로 바닥을 차고 번쩍 들어 올렸다. 하지만 몇 번의 시도에도 다리를 허리 뒤로 넘기지 못했고, 벽에 발이 가닿기도 전에 몸이 무너졌다. 지금 내 앞에 있는 벽은 머리 서기를 도와줄 벽인데, 두려움의 벽으로 인식하고 있었다. 결국 원장님의 도움을 받아 다리를 뒤로 넘겼지만, 그마저도 휘청거리다가 바닥으로 두 발을 털썩 떨어트렸다. 항상 걷던 거리에서 길을 잃은 듯했다.

벽. 벽은 왜 벽이어야만 하는가. 우리가 생활하고 있는 모든 공간엔 벽이 있다. 요가원도 사방이 벽이다. 내 방도 사방이 벽이다. 모든 곳엔 벽이 있다. 그러니까 내 마음에 벽이 존재하는 게 이상한 게 아니다. 실재하는 건물의 벽을 깨기 어렵듯, 내면의 벽도 부수기 어려운 것이다. 이렇게 벽을 가볍게 대한다면 두려움이 조금은 사라질까?

벽은 꼭 깨부숴야 할 존재일까. 담쟁이덩굴은 벽을 타고 삶을 엮어간다. 송충이는 벽을 타고 삶을 밀어 올린다. 외벽 청소부는 벽을 타고 곡예 한다. 벽을 앞에 두고 주저하는 이의 눈앞으로 벽을 통해 생을 꾸려나가는 존재들이 흘러간다. 나무의 오롯함, 작은 생명체의 끈적함. 그리고 그들의 대범함⋯⋯.

벽은 언제나 그 자리에 있다. 바위처럼 언제나 그 자리에. 변하는 건 물의 흐름이다. 그렇지, 내가 변하면 되지. 바위였던 내가 물이 된다. 나는 정물이자 동물. 흐르는 동시에 멈춰있는, 매 순간 변하면서 변하지 않는 존재. 나는 나이면서 나이지 않다. 수련하며 생각의 흐름이 뒤죽박죽 흘러간다. 이것마저 요가일까.

무(無)의 상태

집 밖을 나서며 새로 장만한 요가 매트를 챙기지 못했다. 소금을 뿌리고 이틀 동안 길들여 두었던, 돌돌 말아 현관 앞에 세워 두었던 매트였다. 오늘은 왠지 모르게 요가원을 찾기 전부터 마음이 부산스러웠다. 어젯밤엔 잠이 쏟아지는 데도 꾸역꾸역 졸음을 참아가며 마지막까지 퇴고 작업을 했다. 일의 효율이 떨어지는 걸 알고 있음에도 원고 수정을 놓지 못했던 이유는 무얼까. 오늘 해도 되는 것이었는데, 아직 시간이 촉박하지 않은데. 분명 나는 무언가에 쫓기고 있었다. 내 마음속엔 정체 모를 생각들이 들어차 있었다. 요가원으로 걸어가면서 이 점을 상기했다. 오늘은 특히 수련하며 조급한 마음을 덜어내기로 다짐했고, 그러기 위해 동작 하나하나에 집중하기로 했다.

무릎을 꿇고 앉아 기지개를 켜고 손바닥을 천장 위로 들어 올린다. 3분 동안 부동자세를 유지한다. 얼마 지나지 않아 발꿈치에서 엉덩이가 떨어지고, 팔꿈치가 구부러지고, 손가락 사이가 벌어진다. 라면은 2분만 끓여도 꼬들면이 좋다며 먹을 수 있지만, 수련에선 시간 단축이란 요령이 통하지 않는다. 정도만이 미덕이다. 원장님은 1분이 지나면 손끝이 저릴 거라고 한다. 1분 30초가 지나면 그 저림이 더 심해질 것이며, 2분이 지나면 아무런 느낌이 들지 않는 무(無)의 상태가 된다고 한다. 30초쯤 지났을 무렵, 이게 무슨 말인가 싶다. 1초가 흐를 때마다 저릿함이 더해진다. 2분이 되면 지금보다 90이라는 수치만큼 더 아파올 것만 같다.

그런데 돌연 손끝의 저림이 사라졌다. 타노스의 핑거 스냅으로 우주 생명체 절반이 먼지가 되었던 것처럼 나의 고통도 반절 가까이 흩어졌다. 처음엔 내가 동작을 잘못하고 있나 의심했다. 감고 있던 눈을 떠 자세를 확인했다. 정답이라고 할 순 없지만 아무래도 지금 취한 자세가 나의 최선이었다. 자세가 부정확해서 자극이 덜 오는 게 아니라, 부동자세를 유지하다 보니 자극이 날아간 것이었다.

*

    이틀 전 6일 만에 요가원을 찾았고, 그로부터 3일 연속으로 요가를 하고 있지만, 요가원 스케줄 상 하타 요가는 월, 목, 금에 이루어졌기에 하타로 수련하는 건 거진 열흘 만이었다. 비교적 동적인 수련을 하다가 정적인 요가를 하려니, 이게 더 곤욕이다.

    처음엔 빈야사가 더 어렵다고 느껴졌는데, 하타도 만만치 않았다. 정물인 돌멩이를 내리막에 굴리면 잠시 생명을 얻고 신나게 굴러가지만, 동물인 내가 돌멩이가 되어 가만히 자세를 유지하기란 여간 까다로운 일이 아니었다. 고작 3분을 유지하는데도 손끝이 계속 흐트러지고, 엉덩이를 몇 번이고 들썩거렸으니까. 그럼에도 무의 상태에 가닿을 수 있도록 돌이 되어 부동을 유지했다. 삼라하게 펼쳐진 유의 세상에서 무를 찾는 데는 시간이 필요했다.

    수련에서는 3분으로 자그마한 실마리를 찾을 수 있겠지만, 삶에서는 그 이상의 시간이 들 것이다. 첫 번째 시도가 어렵고, 두 번째 시도가 무언가 알 것만 같고, 세 번째 시도가 수월해지는 것도 시간이 흘러감에 따른 당위성이다. 오늘 나를 찾아온 조급한 마음을 없애는 데에도 시간이 필요했다. 앞으로도 한 동작 한 동작에 집중하며 부정적인 사념으로부터 멀어져야 한다. 그렇게 수련을 통해 무의 상태에 가까워진다.

소금기를 머금은 것들

손바닥이 미끄러진다. 새로 마련한 요가 매트를 굵은소금으로 소금칠했음에도, 여전히 손바닥과 맞닿는 면이 미끄럽다. 상체를 멀리 밀어내야 하는데, 손바닥이 자꾸 앞으로 밀려 손목에 평소보다 많은 힘이 들어갔고, 그 때문인지 다운 독을 유지하는 데에도 어깨가 저릿했다. 정신이 미끈거린다. 기름진 고민이 머릿속을 헤집고 돌아다닌 탓이다. 어느 하나 제대로 결정 내리지 못한 생각의 편린들이 산재되어 있다. 미끄러운 정신에 삶의 균형이 삐뚤어진다. 미끄러운 삶은 어떻게 소금칠해야 할까. 삶을 길들이기 위해선 어떤 소금을 사용해야 할까.

    수련이 끝난 후, 소금칠을 해도 원래 이렇게 매트가 미끄러운 건지 원장님에게 자문을 구했다. 그는 소금칠 후 처음으로 사용하는 거라 아직 많이 미끄러울 것이라며, 몇 번 더 소금칠해야 한다고 했다. 이 주에 한 번씩 두 번은 더 해야 한다고, 소금칠하고 햇볕에 바짝 말리면 미끈함을 없애는 데 효과적일 거라고 덧붙였다.

겉옷 주머니에서 양말을 꺼내 신으며, 소금기를 머금은 것들에 대해 생각했다. 땀, 눈물, 바다… 오늘처럼 수련하며 땀을 한바탕 흘리면 미끄러운 정신이 뽀드득해질까. 어젯밤처럼 눈물을 왈칵 쏟아내면 미끄러운 마음이 꺼끌꺼끌해질까. 지난해처럼 바다에 풍덩 빠진다면 미끄러운 몸이 거칠어질까.

아니, 거친 삶은 한순간에 윤택해지지 않는다. 소설가는 눈에 밟히지 않는 문장을 적어내기 위해 수없이 자신의 문장을 윤문했을 것이다. 색이 바랜 원장님의 요가 매트를 보며, 그가 흘렸을 땀과 눈물을 잠시 헤아렸다. 요가원을 나와 이어폰을 꽂고, 첫 곡으로 최유리의 '굳은살'을 틀었다. 우리는 이미 이 공간 안에서 함께 거칠어지고 있었다.

틈

요가원으로 향하며 속으로 되뇐다. '자신과의 싸움을 내려놓자, 몸에 집착하지 말자.'

오전엔 업무를 보다가 왼손 중지 손끝을 칼에 베였다. 1cm도 안 되는 상처가 수련하는 나를 무너트렸다. 손바닥으로 매트를 밀어내는 데 모든 힘이 벌어진 상처 사이로 새어 나갔다. 구멍 뚫린 튜브처럼……. 오후 퇴근길엔 당신을 마주쳤다. 심장에 송곳이 꽂혔다. 그 틈으로 바람이 빠져나가고 피가 솟구쳤다. 오렌지색 머리칼이 시큰했다. 당신과의 추억을 떠올리다 입 안에 침이 고였다. 나는 지금, 몸과 마음에서 무엇이 빠져나가는지도 모른 채 수련하고 있었다.

동작이 마음대로 되지 않자, 화가 났다. 순간 '나 왜

화를 내지?' 라는 생각이 스쳤다. 흐트러진 골반을 정돈하며 좀 전의 다짐들을 떠올렸다. *자신과의 싸움을 내려놓자, 몸에 집착하지 말자.* 한쪽이 이기고 한쪽이 지는 게 싸움이라면, 나는 어떡해서든 지는 사람이었다. 이전 같았으면 되는 데까지만 동작을 시도해 보고 바닥에 널브러져 있었을 텐데, 오늘은 원장님의 한마디가 나를 자극했다. 근육도 뇌와 같아서 한 번 시도했던 동작을 저 스스로 기억한다고. 지금은 죽을 것 같이 힘들지만, 그 힘든 상태에서 세 호흡만 유지해 보자고. 그러면 몸이 이 자세를 기억해 나중이 편할 것이라고.

터질 것 같은 허벅지를 조여내고 엉덩이를 바닥에 붙이고자 노력했다. 더 이상 내려가지 않는 엉덩이에 요가 블록 하나를 덧댔다. 닿을락 말락 떠 있는 엉덩이를 지그시 눌렀다. 벌어지는 무릎을 계속해서 안쪽으로 가져왔다. 허벅지와 무릎, 골반부터 발등까지 저릿하다 못해 마비되는 듯했다. 내 천(川) 자의 미간을 풀었다. 가슴을 내밀고 꼬리뼈를 말아내며 '버티자, 견디자'를 속으로 반복했다.

문득 지난 주말이 떠올랐다. 토요일 오전, 친구들과 자전거를 끌고 청라국제도시역으로 이동했다. 최근 라이딩에 관심을 보이는 친구 셋을 데리고 당일치기로 적당한 코스를 소개해 줬다. 그렇게 정서진에서부터 수원까지 바퀴를 굴리며, 누구 하나 뒤처지지 않도록 자리 배치에 신경 썼다. 자전거를 곧잘 타는 친구는 선두로 보내고, 페달 밟는 속도가 느려지는 친구는 두세 번째 샌드위치 자리에 위치시켰다.

나는 그 사이를 넘나들며 친구들 뒤에 바짝 따라붙었다. 페이스메이커를 자처하며 사기를 북돋울 만한 말들을 건넸다. 그때 내가 했던 말과 지금 원장님이 내게 건네는 말이 별반 다르지 않았다. "달려. 밟아. 이 속도 유지해. 버텨. 좀만 더 가면 돼. 지금 페이스 아주 좋아. 포기하지 마." "부동자세를 유지하세요. 호흡을 가다듬으세요. 세 번 더 시도해 볼게요. 벌써 반이나 지났어요, 1분만 더 해봅시다." 그들에게 라이딩 3분이 버거웠듯, 나에게도 부동자세 3분이 힘에 겨웠다.

역지사지로 스스로를 되돌아보자, 몸에 대한 집착에서 조금은 벗어날 수 있었다. 어렵지 않게 100km를 달려낸 지난날처럼 오늘 수련도 아무렇지 않게 힘을 빼고 임할 수 있을 것만 같았다. 다만 타이어에서 바람이 빠져 속도가 느려지는 것처럼, 손가락 상처로 빠져나오는 미세한 아픔이 나를 괴롭힐 뿐이었다. 그래서 화가 났던 거다. 의지대로 몸이 따라 주지 않는 게 고작 손끝의 자그만 상처 하나 때문이라는 사실이 억울해서. 그게 너무 야속하고 미워서.

천변을 따라 걸으며 오늘 수련을 상기했다. 새어 나오는 감정들을 메모장에 쏟아내고 나니 억울한 기분은 뿌듯한 마음으로 치환됐다. 그래, 오늘의 고통도 내일의 수월함으로 바뀔 것이다. 오늘의 우연도 내일의 필연으로 변할 것이다. 작은 틈으로부터 또 하나의 글이 탄생한 것처럼.

드러내지 않음의 미학

빈야사 플로우를 마치고 사바아사나 지점에 도달했다. 천장 불이 꺼지고 스피커에서 새소리가 흘러나온다. 원장님은 수강생들에게 하나둘 담요를 덮어준다. 기분 좋은 따스함이 나를 감싼다. 바야흐로 봄이 온 것이다. 담요 밖으로 손을 내밀어 봄을 꼬집어 본다. 새소리가 손끝에 잡힌다. 새들은 소리로 존재한다. 거친 숨소리와 새어 나오는 신음으로 요가했던 나와 달리 새는 고요하게 자신을 드러낸다.

사거리의 한 켠을 조용히 지키고 있는 전기 통닭 아저씨. 매주 화요일 출점하는 푸드 트럭이다. 이때를 놓치지 않으려 요가 후엔 집으로 곧장 가지 않고 사거리 횡단보도를 건넌다. 아저씨는 매번 편의점 도시락으로 저녁을 해결하고 있다. 그는 도시락으로, 나는 전기 통닭으로 늦은 저녁을 챙긴다.

　　입춘이 지나도 제법 쌀쌀했던 날씨가 하루 이틀 사이 조용히 물러났다. 봄도, 새도, 전기 통닭 아저씨도 정해진 시간이 되면 조용히 제자리로 돌아온다. 그것들은 어떤 불평도 없이 그 자리로 온다. 소리 없이 굴러가는 삶의 바퀴를 보며 드러내지 않음의 미학을 배운다.

호흡, 반다, 시선

호흡. 호흡의 중요성은 어떤 운동이든 어떤 상황에서든 강조된다. 호흡을 빠르게 내뱉는다고 불편한 상황이 빠르게 지나가지도, 호흡을 멈춘다고 어려운 상황이 먼지처럼 사라지지도 않는다. 가쁜 숨에 되려 마음이 소란스러워지고, 멈춰낸 호흡이 나를 옥죈다. 불편하고 어려운 상황을 맞이했을 때, 어떻게 호흡하는지에 따라 상황이 달리 보인다. 상황은 그대로지만 그 상황을 받아들이는 내가 바뀐다.

반다. 반다의 뜻은 죄다, 묶다, 잠그다, 이다. 늘어지는 몸을 죄고 무너지는 마음을 묶는다. 그렇게 머릿속에 잡생각이 들지 않도록 스스로를 수련하는 시간 속에 잠근다. 죄고 묶고 잠그는 사이, 이마엔 조용히 땀방울이 맺힌다.

호흡을 옥죄어선 안 되겠지만, 몸과 마음은 때로 조여낼 필요가 있다. 그때 눈썹을 타고 흘러내리는 땀 한 방울은 삶의 정수에 가깝다.

시선. 시선으로부터 모든 것이 발현된다. 바라보지 않으면 몸이 따라오지 않는다. 동시에 바라보지 않아야 몸이 따라온다. 어둠 속에서 평소보다 수련에 집중할 수 있는 것은 시선을 차단했기 때문이다. 멕시코시티를 배경으로 한 알폰소 쿠아론의 영화 「로마」에서 주인공 '클레오'가 그랬듯 말이다. 보아야 할 것은 놓치고, 보지 말아야 할 것은 너무 많이 담아내는 근래의 풍토가 마뜩잖다. 물론 눈을 감은 채 걸을 수 없고, 눈을 번쩍 뜬다고 모든 게 보이는 것도 아니다. 뜨지도 감지도 못하는 나날 속에서 우리는 무엇에 시선을 두어야 할까.

"요가하면서 호흡했다면, 그것만으로도 요가했다고 말할 수 있습니다."

오늘은 요가의 3요소를 생각하며 호흡을 가다듬는다. 호흡을 멈춘 채 동작을 이어가지 않고, 거친 숨을 자제하며 차분히 들이마신 후 다시 가볍게 내뱉는다. 흐트러지는 몸과 마음을 쥔다. 너풀거리는 정신줄을 묶고 덜렁거리는 몸에 자물쇠를 잠근다. 어깨 뒤로 시선을 넘겨 발끝을 응시한다. 시선을 두는 곳에 마음이 가닿는다. 눈을 감고 가닿을 곳을 향해 손을 뻗는다. 조금씩, 아주 조금씩 손가락 끝이 허벅지에서 종아리로, 종아리에서 발목으로 이동한다. 목표 지점에 도달하기 직전 수강생들에게 부여된 2분이 끝났다. 그래도 좋다. 나는 이 시간 속에서, 내 시선 속에 집중했다. 수련하는 동안 호흡하고 쥐고 시선을 두었다. 오늘 밤 나는 요가를 했다고 말할 수 있다.

몸이 주는 신호

머릿속에 잡념들이 가득하다. 몸속에 독소들이 가득하다. 수련에 집중하지 못하는 것도, 어깨와 목에 담이 걸리고 안색이 좋지 않은 것도 이 때문이다.

오늘은 여러모로 집중력이 떨어졌다. 여태껏 스무 번의 수련 동안 한 번도 빠짐없이 방해금지 모드를 켜놓고 수련에 돌입했는데, 오늘은 방해금지 모드를 켜지 못했다. 간간이 울리는 진동 소리가 신경을 휴대폰으로 빼앗아 갔다. 버튼 하나를 누르지 않았다고 자꾸만 정신이 매트 밖으로 벗어났다.

어깨 서기를 시도하는 데 도무지 힘이 들어가지 않는다. 왼쪽 어깨선이 묵직하다. 평소에도 수월하게 했던 동작은 아니지만 이 정도는 아니었는데. 1분을 채 버티지 못하고 내려온다. 30초, 다시 30초. 조금씩 나눠 동작을 시도해 보지만, 담이라는 불가항력에 부딪힌다.

    수련을 마치고 요가 일지를 적어내려는 데, 휴대폰 배터리가 19%다. 분명 시작 전에 휴대용 배터리 충전기를 연결해 놓았다. 연결선을 매만져 보지만 아무래도 먹통이다. 충전시켜도 충전되지 않은 휴대폰은 수련해도 수련하지 못한 나와 비슷했다.
    모처럼 서울에 다녀올까 했으나, 다시 집으로 발길을 돌린다. 땀을 흘려 추레한 모습 때문은 아니다. 어깨의 담 때문도 아니고, 충전되지 못한 휴대폰 때문도 아니다. 머릿속의 잡념과 몸속의 독소를 먼저 빼내고 싶어서다. 앞으로의 날들을 위해 몸이 주는 신호를 멀리하지 않고 싶다. 그렇게 오늘은 조용한 하루를 보내려 한다.

영혼의 합장

1

이틀 전 담에 걸려 어깨 서기(살람바 사르방가아사나)를 시도하지 못했다. 어제오늘 목 스트레칭을 했지만, 여전히 자세를 취할 때 왼쪽 목과 어깨가 저릿하고 묵직하다.

매트 위에 배꼽을 대고 누웠다. 어깨 옆으로 양손을 가져와 바닥을 지그시 밀어내며 상체를 들어 올렸다. 손바닥을 몸쪽으로 가져올수록 허리로 오는 자극이 커졌다. 등과 허리로 느껴지는 감각에 집중하자 목과 어깨의 통증이 느껴지지 않았다. 통점이 이동한 걸까. 아니면 인간이란 더 큰 고통에, 가장 최근의 아픔에 반응하는 걸까. 한없이 간사한 몸에 감사한 마음을 가졌다.

어느 상황에 일희일비하지 않으려, 마음의 중용을

찾으려 애썼지만, 몸은 순간순간에 반응했다. 불편한 기운이 찾아오면 목과 어깨, 허리와 등은 어김없이 거북한 기색을 드러냈다. 내 신체는 일희일비 그 자체였다. 힘을 주어 중심을 유지하는 게 정답은 아니었다. 순간순간을 감각하는 태도는 하루하루를 향유하는 자세와 별반 다르지 않았다.

찌개가 맛있어지려면 한 번쯤 팍 끓어야 한다. 중불에 미지근히 익힌 정신과 냄비가 넘치도록 팔팔 끓여 낸 마음. 무엇이 더 나을지는 맛보지 않아도 알 것만 같다.

2

인상을 쓰면 미간에 주름이 생긴다. 힘을 주면 경계가 생긴다. 힘을 쓰면 선이 생기는 것이다. 두 대상 사이에 구분이 생기는 건 외부에서 부여된 힘 때문이다. 갈등이 생기는 것도, 분쟁이 끊이지 않는 것도, 몸과 마음의 내분이 일어나는 것도, 매한가지이다. 긴장을 풀고 힘을 내려놓아야 한다. 힘을 주는 것만이 능사가 아니다. 원장님은 자세가 흐트러지는 내게 귀와 어깨를 멀리 하라는 말을 자주 한다. 시선을 위로 두고 어깨를 반 뼘 아래로 낮추면 신기하게도 자세가 안정적으로 변한다. 귀와 어깨 사이, 삶과도 딱 이 정도만큼만 멀어져도 좋지 않을까. 다툼은 딱 한 뼘의 거리감에서 멈춘다.

3

7명의 수강생. 각자의 위치에서 저마다의 자세로 수련하는 사람들. 지그시 감은 눈으로 그들의 숨소리를 느낀다. 억, 하는 소리에 함께 철렁인다. 후, 하는 소리에 함께 고요해진다.

옴—샨티. 고생하셨습니다.

합장하고 서로에게 인사를 건넨다. 안경을 쓰지 않아서, 오래 눈을 감았다 떠서, 그들의 얼굴이 흐릿하다. 눈을 감아 보이지 않는 얼굴들. 뜨고 있어도 보이지 않는 마음들. 괜찮다. 우리는 정신으로 합장했다. 영혼의 손바닥을 맞댔다.

분리 주시

근래 한의원을 찾는 일이 잦았다. 열흘 사이 목과 어깨에 네 번 침을 맞고 부항을 떴다. 요가와 별개로 평소 자세 습관이 좋지 않아 담이 걸렸다 풀리기를 반복했다. 이제야 좀 괜찮아진 목의 결림. 요가원으로 걸어가며 오늘 수련은 무리하지 않기로 마음먹는다.

꼬리뼈에 블록을 대고 누웠다. 지그시 어깨를 바닥으로 내리고 무릎을 폈다. 발을 앞으로 뻗어 하체에 힘을 뺐다. 골반 앞쪽이 늘어나면서 곧장 불편한 감각이 찾아왔다. 누군가 허리에 불쾌한 농을 던진 것처럼 허리가 인상을 팍 썼다. 5분 정도 흐르자 한껏 찡그러진 근육이 점차 풀어졌다. 자세에 적응한 내게 원장님은 블록 하나를 더 쌓자고 한다. 옆에 놓여있던 블록을 허리 밑으로 가져왔다. 두 개의 블록 높이만큼 근육이 더 늘어났다. 골반은 오만상을 짓지만 얼굴은 평정을 유지한다. 10분이 흘렀을 땐 고통도, 고통을 생각하는 마음도, 그 마음을 생각하는 마음도 사라진 상태가 되었다.

어딘가에서 고통이 찾아온 것처럼, 그 고통도 어딘가로 홀연히 사라진다. 회자정리의 진리가 통각에도 적용된다. 그렇게 오늘은 자신을 떼어 놓고 몸을 바라봤다. 나의 한 부분을 뜯어내 밀가루 반죽처럼 쳐다보았다. 끓는 물 속에 담가지는 나의 과거를 응시했다. 둥둥 떠오르는 수제비처럼 지나간 한 시절의 이름들이 떠올랐다. 고통스러운 마음도, 붉어진 눈시울도, 그리고 그렇게 마음 저리고 쓰라려하는 나를 분리 주시했다.

색종이 접듯

"코로 숨을 들이마시고 코로 뱉으세요." "코로 숨을 들이마시고 입으로 뱉으세요." "코로 숨을 크게 들이마시고 입으로 길게 하— 뱉으세요."

그러자 조용히 숨을 정돈하던 열 명의 수강생이 동시에 "하—" 한다. 나도 모르게 소리를 내다가 웃음이 터졌다. 요가원을 찾은 이래로 가장 많은 인원과 함께 수련한 날, 여러 사람 속에서 경직돼 있던 마음도 풀리는 듯했다. 은은한 미소를 지으며 고요하게 수련을 시작했다. 폭풍전야의 시간이 지나자, 이마에 먹구름이 몰려왔다. 굵직한 방울 하나가 매트 위로 떨어지더니, 이내 땀이 비 오듯 쏟아졌다.

오늘은 낙타 자세(우스트라아사나)를 취하며 허리를 뒤로 넘기는 동작을 연습했다. 목에는 여전히 담의 여

독이 남아있었고, 허리로는 끊어질 듯한 고통이 찾아왔다. 꺾이지 않는 허리에 제대로 자세를 취하지 못하고 있을 때, 열 명의 수강생을 일일이 챙길 수 없었음에도 내 옆을 지나가는 원장님이 나의 허리를 살포시 눌러주었다. 색종이가 잘 접히도록 미리 살짝 꼬집어 놓은 것처럼 허리가 뒤로 넘어갔다. 롤러코스터를 타고 수직으로 하강하는 기분을 느꼈다. 허리는 더 접혔는데 고통은 줄어들었다. 원장님이 이전에 해주었던 말처럼 몸이 이 느낌을 기억했으면 좋겠다. 아니, 지금 이 기분을 나 스스로 기억했으면 좋겠다.

    보통 수련하는 한 타임 동안 머리 서기와 어깨 서기 중 하나만 시도했었는데, 오늘은 두 자세를 모두 했다. 머리 서기에서 부족한 코어 힘을 여실히 느끼고 매트 위에 몸을 눕혔다. 이어서 어깨 서기를 위해 다리를 머리 뒤로 넘겼다. 지난번 수련에서 이 자세를 하다가 담이 더 심해졌었기에, 나도 모르게 주저하는 마음이 들었다. 오늘도 허공을 휘젓겠구나 예상했는데 웬걸, 평소보다 다리가 잘 넘어갔다. 호흡도 거칠어지지 않고 편하게 발이 땅에 닿았다. 지난주의 시도를 몸이 기억하고 있던 걸까. 이후의 동작들은 여전히 수월하진 못했지만, 나로서는 이 정도의 성과도 신기한 경험이자 장족의 발전이었다.

어깨 서기를 유지하다 다시 다리를 목뒤로 넘겼다. 무릎을 구부려 다이아몬드 모양을 만들었다. 그대로 하체를 얼굴로 가져왔고, 귀와 무릎이 만날 정도로 가까워지자 목이 길게 늘어났다. 저릿하면서 시원했다. 다리를 풀고 사바아사나로 모든 긴장을 내려놓았다. 겉잠이 들었다 기지개를 켜고 목을 좌우로 돌렸다. 어? 목이 괜찮다. 누운 상태에서 고개를 돌려 양쪽 뺨을 차례대로 바닥에 댔다. *어? 목이 진짜 하나도 안 아픈데?!*

요가원을 나오며 열흘간의 담과 작별 인사를 나눴다. 길고 길었던 불편한 동침이 끝났다. "하—" 한숨을 크게 내뱉었다. 경직돼 있던 목 근육이 드디어 풀렸다.

자신도 믿지 못한다면

"자신을 믿으셔야 합니다. 자신을 못 믿겠다면 몸을 잡고 있는 저를 믿으세요. 그래야 시도할 수 있습니다. 그런데 저도 못 믿고 자신도 믿지 못한다면, 아무것도 할 수 없습니다."

생을 정면 돌파하는 사람들

요가를 하다 보면 한계점에 다다르는 순간이 있다. 몸이 더 이상 굽어지지 않고, 두려움에 더는 동작을 이어가지 못할 때 말이다. 목이 부러지진 않을까, 허리가 꺾이진 않을까. 육체의 한계는 곧 마음의 한계가 된다.

"한계에 부딪혀 보세요. 한계에 도전해 보세요. 한 번쯤은 자신을 정면 돌파해 보세요." 원장님의 한마디가 주저하던 몸을, 잠들어 있던 정신을 깨웠다.

사실 생각해 보면 한계에 이르렀단 건, 내가 할 수 있는 역량의 끝에 가닿았다는 뜻일 테다. 그것만으로도 박수받아 마땅할 일이지만, 그건 왠지 아쉽다. 한 발짝 더 뻗고, 땀 한 방울 더 흘리면 좀 더 나를 끌어올릴 수 있을 것만 같다. 불편한 감각을 정면 돌파하라는 말에 불현듯, 지난겨울에 적어낸 글이 떠오른다. 새벽 출근길에 마주한 떡집 풍경이다.

떡집이 분주하다. 아침 상가의 불은 모두 꺼져있는데 연달아 붙어있는 두 떡집만은 불이 활짝 켜져 있다. 그 안에선 이미 생동이 넘친다. 그들의 하루는 언제부터 시작될까. 아직 해가 뜨지 않은 시간인데, 하늘마저 이제야 막 기지개를 켜고 있는데, 그들은 과연 몇 시에 눈을 뜨고, 씻고, 옷을 주섬주섬 챙겨 입고, 일터로 나왔을까. 이른 새벽 문을 열고, 늦은 밤 문을 닫고 나가는 공간. 일터가 아닌 삶터일지도 모를 일이다. 떡집 안쪽 방에 이부자리가 있을 것만 같다.

떡집 매대에 놓인 하얗고 검은 떡들, 기다랗고 뭉뚝한 떡들. 각기 다른 모양의 쫄깃한 심장들. 새하얀 백설기 같은 마음을 품고 싶다. 흑임자 떡처럼 고소한 문장을 적어내고 싶다. 가래떡처럼 긴 하루, 꿀 송편처럼 달달한 일상을 보내다가 콩 송편을 만나 한두 번 미간을 찌푸리고 싶다. 그것이 인생이라는 듯 콩을 뱉어내지 않고 우걱우걱 씹고 싶다.

생을 정면으로 돌파하는 사람들이 모이는 곳이 있다면, 아마도 새벽녘 떡집이 아닐까. 삶을 길게 뽑아 하루를 빚고, 시간을 잘게 자르는 사람들이 모인 곳. 내일 아침엔 그곳에 들러 흑임자 떡 하나를 달라고 해야겠다.

각자의 생에서 고군분투하는 사람들은 떡집에도, 미용실에도, 민속 주점에도, 옷 수선집에도, 금은방에도, 네일숍에도, 카페에도, 건어물 가게에도, 고깃집에도, 안경원에도, 편의점에도, 교회에도, 부동산에도, PC방에도, 무인 아이스크림 가게에도, 요가원에도 있었다.

3월 말, 이르게 봉우리를 핀 벚꽃도 제 나름의 생을 정면으로 돌파하고 있다. 따스한 햇살에 꽃을 피우고 다시 찬 바람을 맞이하는 것도 저 꽃이 올봄에 마주한 운명이다. 이미 태어난 생을 도로 물릴 수 없고, 이미 핀 꽃을 다시 접을 수 없는 노릇. 우리는 저마다 한계를 맞이하고 그것을 향해 정면 돌파하며 살아가고 있다. 매트 밖을 벗어나지 않아도, 트레드밀 위를 달려도 숨은 차오른다. 제자리를 맴도는 것처럼 보일지라도, 우리는 사실 하루하루를 정면으로 마주하며 나아가고 있는 게 아닐까.

中 道

이곳엘 다녀오면 다른 세상에 잠시 머물다 온 기분이 든다. 평소에 하지 않는 자세를 취하고, 평소에 듣지 않는 용어를 들으며, 평소에 품었던 마음을 내려놓는 시간을 통해 얼마간 미지의 세계에 몸을 내던지고 현세로 돌아오는 것이다. 작년 말, 첫 체험 수련을 들었을 땐 발가락 하나 정도를 담갔다면, 벚꽃이 만개한 오늘은 몸통 절반을 담근 느낌이다. 겨울날 노천탕에 들어간 듯 묵직한 뜨거움이 나를 채운다. 여전히 몸과 마음이 따로 놀 때가 있지만, 하체는 따듯하고 상체는 추운 것이 노천의 매력인 것처럼 수련하며 융화되지 않는 심신을 즐긴다.

어제와 같은 동작으로 요가를 시작한다. 같은 동작인데 어제는 수월하고 오늘은 버겁다. 마치 지금은 맞고 그때는 틀린 것처럼. 한쪽을 누르면 다른 한쪽이 들린다. 한쪽을 내리면 다른 한쪽이 뜬다. 몸의 균형을 맞추는 것이 마음의 중도를 찾는 것만큼이나, 생의 중용을 지키는 것만큼이나 어렵다. 그럼에도 계속해서 틀어진 골반을 맞추고, 흩어지는 생각들을 부여잡는다.

    수련은 올바른 길로 향하는 이정표일 뿐, 나를 그 길로 걷게 할 순 없다. 나를 나아가게 하는 건 나 자신이다. 호흡을 통해 마음을 차분히 가라앉히고, 세상의 소음에서 한 발짝 뒤로 물러서서, 스스로 옳다고 믿는 길을 찾아가는 것. 비록 그 길이 울퉁불퉁한 자갈길일지라도, 어지럽게 흩어진 오프로드일지라도 어느 한쪽으로 치우쳐지지 아니하는 길을 향해 나아가야 한다.

    중도(中道)는 스스로 마음 한가운데에 길 하나를 길게 늘어놓는 것이다.

봄비

완벽해지려는 것이 아니다. 완전해지려는 것이다. 잘 되려는 것이 아니다. 잘 해내려 하는 것이다. 벗어나려는 것이 아니다. 멀어지려는 것이다. 실패하는 것이 아니다. 실패를 경험하는 것이다. 이기겠다는 것이 아니다. 지지 않겠다는 것이다. 순응하겠다는 것이 아니다. 질서를 만들겠다는 것이다. 뒷걸음치겠다는 것이 아니다. 배수의 진을 치겠다는 것이다.

봄비가 내린다. 천장을 두들기는 빗소리가 초침 소리만큼이나 균일하다. 그에 반해 심장 박동은 급격하게 빨라졌다 느리게 돌아온다. 수련이 끝난 후 맨발로 밖을 나선다. 빗방울이 슬리퍼를 적신다. 모래 알갱이가 발가락 사이로 들어온다. 봄비로 인해 모든 빛이 길게 발산한다. 헤드라이트 불빛이 아스팔트 위를 촉촉하게 수놓는다. 빨갛고 노랗고 하얀빛들. 누군가를 움직이게 하고 멈추게 하는 빛들. 신호등 초록 불이 켜진다. 몇 초가 지나자 초록빛 사내가 일정한 속도로 몸을 껌뻑인다. 그래, 나도 저 빛처럼……

똑같아지겠다는 것이 아니다. 다만, 일정해지겠다는 것이다.

요가하며 모호한 경계선이 명확해지는 것을 느낀다. 발가락 사이로 파고드는 모래알처럼 미세하지만 분명한 실체가 있는 것들. 그러한 것들이 부지불식간 내게 스며든다. 겨울눈이 녹고 봄비가 찾아왔다.

머무는 훈련

제주에서의 1주일을 보낸 후 다시 찾은 요가원. 매트를 깔고 심호흡을 크게 하는데, 이상하리만큼 마음이 편해졌다. 집으로 돌아와서도 느끼지 못했던 감정을 요가원에서 느끼고 있던 것이다. 가라앉는 마음으로 오늘은 머무는 훈련을 했다. 특히 코브라 자세라 불리는 부장가아사나에서 오래도록 머물렀다. 부동을 유지하는 게 이렇게나 어려웠던가. 30초밖에 지나지 않았는데 자꾸만 꼼지락거리는 모습에 나란 사람은 여태껏 가만히 있지 못해 무언가를 계속해서 해내려 하지 않았나 하는 생각이 든다. 마치 침묵이 무서워 실언을 내뱉었던 그날처럼.

    그렇게 몇 분이 흘러 허리춤이 저릿해질 때쯤 원장님의 호령에 맞춰 어깨와 가슴을 천천히 내리고 배꼽을 바닥에 붙였다. 집으로 돌아가는 지금도 허리와 골반 사이가 얼얼하지만 그 기분이 나쁘지 않다. 우리는 아마도 오래 머물 수 없는 생을 살아가나 그 속에서 오래 머무는 훈련을 거듭해야 하는 존재일지도 모른다. 특히나 어느 영역에서든 모든 절차가 빠르고 간편해진 오늘날에는 더욱이. 한자리에 차분히 머무르지 못하고 떠돌아다니는 영혼이 많아진 요즘 같은 세태 속에서는 더욱이 말이다.

이제는 진부하리만큼 진부해진 자기 계발서 속 문장과 그에 반(反)하는 욜로와 워라밸. 어딘가로 훌쩍 떠나 바닷가를 바라보며 한 달을 살고 싶어 하는 이유도 어쩌면 머물고 싶은 욕망의 한 형태일지도. 허리 한 줌 꺾어 5분도 채 버티지 못하면서 무얼 자꾸 해내려 했던 건지. 오래 머무는 훈련을 하고, 머물 수 있을 때 비로소 오랜 여행을 떠나야겠다.

고해성사

전날 과음을 하고 아침 요가를 찾았다. 매트 위에 누워 눈을 감고 원장님께 고해성사했다.

'저는 어제 술을 많이 마셨습니다. 요가를 한답시고 몇 번의 수련으로 삶이 나아지길 바랐습니다. 식단은 여전히 육식 위주이며 몸은 점점 더 무거워집니다. 차도가 더딘 것은 저의 불찰 때문입니다. 때론 요가원을 찾을 때 불순한 의도를 가지기도 했습니다. 수련이 아닌 원고의 한 꼭지를 위해 요가를 한다고 생각했으니까요. 하지만 요가는 언제나, 원장님은 언제나, 요가원은 언제나 너른 품으로 저의 어린 마음마저 안아주었습니다.'

죄를 고하는 마음에 제 발이 저리다. 멀리 뻗은 발끝

이 떨린다. 자진 납세하며 골반을 더 아래로 낮춘다. 처음 느껴보는 둔중한 고통이 따라온다. 그래도 오늘은 아픔을 피하지 않기로 한다. 아침 요가를 찾은 일곱 명의 수강생이 같은 동작을 취한다. 그들은 저마다의 고요한 분투에 빠져있다. 고통을 직시하는 사람들이 모인 곳. 그들 또한 나름의 죗값을 치르는 마음으로 수련에 임하고 있는지도 모르겠다.

부처님 손바닥

평소에 되던 동작도 버겁고, 원장님 말씀도 귀에 들어오질 않는다. 고개를 뒤로 젖혀보지만 뒤통수에 달린 두려움이 사라지지 않고, 바람 빼기 자세를 취해도 등허리에 묵직한 무언가가 도통 빠져나가질 않는다. 경추부터 요추까지 촘촘히 스며든 이름 모를 열병. 그 대상이 무언지 헤아려 볼까 하다가 이런 생각마저 잡념으로 이어져 수련에 방해가 될까, 순순히 인정해 버리기로 한다. 오늘은 수련이 마음처럼 되지 않는 날이라고. 이런 날도 있는 법이라고. 누군가의 지적에 제 실수를 겸허히 인정하듯 복잡한 내면에게 글러 먹은 놈, 이라며 가볍게 나무란다.

땀이 등을 적신다. 잡생각이 정신을 덮친다. 오늘은 제아무리 상념으로부터 도망치려 해도 부처님 손바닥 안이다. 벗어날 수 없는 것이 있다. 벗어날 수 없는 날이 있다. 이렇게 마음을 고쳐먹자, 남들 다 되는 자세를 나 혼자 취하지 못하는 것도, 수련에 집중하지 못하고 오늘 저녁 뭐 먹지 떠올리는 것도 요가의 한 과정이라는 생각이 든다. 오늘만이 요가하는 날이 아니기에, 수련은 한평생을 두고 차근히 해나가야 하는 것이기에, 수련하며 자연스레 흐르는 땀처럼 머릿속을 잠식한 잡념 또한 불가항력의 요소라고 여겨본다.

존중

 선선한 봄바람이 불던 날, 서울 영등포의 독립서점 '새고서림'에서 열린 선셋 요가에 참여했다. 책방 옥상에서 몸의 움직임을 통해 사랑의 모양을 감각하고, 수련 후에 자신의 감정을 기록하는 원데이 워크숍이었다. 요가를 시작하기 전, 강사님은 참여한 분들에게 사랑에서 무엇이 가장 중요한지 물었고, 그는 여러 요소 중에 '존중'을 뽑았다. 나는 속으로 사랑과 존중의 의미를 되뇌어 보며 가볍게 고개를 끄덕였다.

 '사랑의 의미는 저마다 다르다. 나에게 있어 사랑의 동의어는 존중이다. 내가 너를 존중하고, 네가 나를 존중하며, 우리가 우리를 존중할 때 비로소 사랑은 사랑으로 명명된다. 그렇게 사랑은 존중으로 완성된다.'

진회색 천장이 아닌 푸른 하늘 아래에서 수련이 시작됐다. 고개를 뒤로 젖히는 자세를 취할 땐 강사님도 모르게 천장을 바라보세요, 라고 했다. 수련하는 모든 이들의 입에서 피식 웃음이 삐져나왔다. 하늘로 퍼져나가는 해맑은 웃음소리가 퍽 사랑스럽게 느껴졌고, 그 순간 건물 옥상으로 시원한 저녁 바람이 불어왔다. 요가원이 아닌 책방에서 기획한, 불특정 다수에게 진행된 프로그램이었기에, 책방을 찾은 분들 중엔 요가를 처음 접하거나 나처럼 초심자인 경우가 많았다. 강사님은 수강생들의 요가 경력과 숙련도를 파악해 시퀀스를 수정했다.

　　수련하는 동안 땀이 날까, 덥지는 않을까, 적절히 불어오는 바람과 참여자의 상태에 따라 동작의 난이도를 조절하는 강사님. 빌딩 숲 사이에서, 구름 한 점 없는 푸른 천장을 바라보며 무겁지 않은 존중을 느꼈다. 사바아사나에서 굵은 잠에 들었던 나는 무언의 사랑을 느끼며 수련을 마무리했다.

　　요가를 마치고 강사님에게 다가가 감사 인사를 전하며, 올해 초부터 요가를 시작했다고, 그렇게 수련하며 적어낸 일지들을 모아 요가 에세이를 준비하고 있다고 근황을 털어놓았다. 그 또한 독립출판의 경험이 있던 분이

어서, 요가와 책이라는 공통점으로 짧은 대화를 나눌 수 있었다. 그 사이 수강생분들은 책방에서 진행하는 '감정 일기' 프로그램에 참여하기 위해 아래층으로 내려갔다. 수련이 끝나면 요가 매트를 접는 게 몸에 배어 있던 나는 그와 함께 옥상에 펼쳐진 매트들을 돌돌 말았다. 내가 그에게 전할 수 있는 존중은 마지막까지 남아 매트를 접으며, 고생했다는 한마디를 건네는 일뿐이었다.

단말마의 비명

몸에서 꺽 소리가, 입에서 억 소리가 난다. 도로 위 스키드 마크처럼 귀를 강하게 스치는 단말마의 비명. 기실 그 울부짖음은 죽어가며 내지르는 고함이 아니라, 죽기를 거부하는 저항의 소리이다.

주저하지 않기를

 과연 빈야사다. 흐름을 따라 몸을 움직이다 보니 지금까지 요가원을 찾은 날 중에 가장 많은 땀을 흘렸다. 습식 사우나에서 외부 온도로 인해 몸이 젖는 것과는 자못 다르다. 상하체를 늘리고 벌려내며 중불로 서서히 몸을 데웠고, 끝내 달아오른 내면의 온도로 온몸이 흥건해졌다. 매트 위로 땀을 뚝뚝 흘리며 억지가 아닌 내켜서 하는 일이야말로 진정한 만족감을 주는 것이 아닐까 생각했다.
 며칠 전 하타 요가와는 다르게 오늘 빈야사 시간엔 온전히 수련에 집중했다. 어젯밤 블로그에 미운 마음을 툴툴 털어내서인지, 미루고 미룬 일을 끝내 처리해서인지 수련하는 시간에 오롯이 몰두할 수 있었다. 수련에 열중하는 것을 몸도 알아채고 반갑게 나를 반겼다. 친구 집에 놀러 갔을 적 그의 반려견이 꼬리를 신나게 흔들며 다가왔던 것처럼, 허벅지 근육이 격하게 흐느꼈다.

　한쪽 발을 길게 뒤로 뻗고, 다른 쪽 발을 앞으로 빼낸다. 앞발을 옆으로 눕혀 발날로 하체를 지탱한다. 손바닥을 발 옆으로 가져와 그 상태에서 골반을 낮춘다. 상체를 아래로 지그시 누르자 고관절이 길게 늘어난다. 엉덩이에 주사를 맞은 듯 묵직한 뻐근함이 몰려온다. 머리 서기와 어깨 서기를 차례로 시도한 후, 몸의 전원 코드를 뽑는다. 머릿속을 부유하던 상념도 함께 동작을 멈춘다. 꺼진 냉장고처럼 더운 입김을 크게 내뱉고 사바아사나를 취한다. 가슴 속으로 돌 하나가 느리게 침전한다. 얼굴은 동심원을 그리며 고요해진다. 조용히 눈을 감는다. 가라앉는 하나의 점을 살핀다.

　저게 나구나. 가라앉는 저 돌이 나구나. 무겁지 않아 느리게 내려가는, 속이 비어있지 않아 떠오르지 않는, 저 돌이 나구나. 저 돌이 나구나……

"고개를 좌우로 가볍게. 손가락 발가락에 힘. 기지개를 쫙. 한 번에 힘을 탁."

눈을 뜬다. 통창 밖으로 어느새 해가 저물어 있다. 눈을 감고 뜨는 것에, 해가 뜨고 지는 것에 '주저'하지 않음을 깨닫는다. 땀도 자신을 내비치는 것에 거리낌이 없다. 반면 눈치 없이 흐르는 땀을 부끄럽게 여기고, 엄마가 챙겨준 손수건 디자인이 촌스럽다며 주머니 속으로 숨기는 나는 어떠한가. 그것이 땀을 닦아줄 수 있는 유일한 손수건인데도 말이다. 나는 수련을 통해 나를 바라본다. 그것만은 부디 주저하지 않을 일이길 바라면서.

2부

나는 나의 난제이다

You Better Let Somebody Love You

원장님이 일신상의 이유로 한동안 수련을 쉬게 되었다. 요가원 운영 또한 잠정 중단하기로 한 것인데, 요가를 시작한 계기가 되었던 그의 부재를 어떻게 받아들여야 할까. 하지만 만남이 있으면 헤어짐도 있는 법. 그와의 이별을 받아들여야 했고, 요가원은 새로운 원장님이 인수하게 되면서 2주간의 리모델링 기간을 갖게 되었다. 마침 책 출간 시기와 겹쳐 3주 만에 찾은 요가원은 장소만 같았지, 내부 인테리어는 사뭇 달라져 있었다. 요가원 한 켠엔 가벽으로 된 작은 사무실이 생겼는데, 그곳은 원래 탈의실과 짐 보관함이 있던 자리였다. 새로 생긴 사무실을 보고 든 생각은 이전 원장님이 개인 공간을 따로 두지 않았다는 것이었다. 그가 요가원을 찾은 수강생들과 얼마나 벽 없이, 허물없이 지내고 있었는지 떠올렸다.

요가원 문을 열고 처음 보는 선생님과 어색한 인사를 나눴다. 선생님은 간단한 자기 소개와 함께 하타의 뜻을 설명하며 수련을 시작했다. 음(陰)과 양(陽)의 조화를 뜻한다는 하타. 내게 있어 어느 것이 음이고, 어느 것이 양인지 모르는 상태에서 골반을 좌우로 흔들며 균형을 맞춰나갔다. 새로운 선생님과 새로운 지도 방식. 새로운 목소리와 새로운 배경 음악. 그리고 새로운 마음가짐…….

새롭게 배치를 바꾼 요가원 중앙에 자리를 잡고 처음 시도해 보는 동작을 이어갔다. 요가 안내자가 되기 위해선 말도 잘해야 하는 걸까. 마음을 다스리기 위해선 언행이 먼저 단정해야 하는 걸까. 처음 접하는 선생님의 설명이 귀에 쏙쏙 들어온다. 한 번도 써보지 않은 근육으로 새로운 자극을 받듯, 새로운 사람에게서 새로운 감흥을 얻는다. 처음 요가원을 찾았을 때처럼 설레고 떨리는 마음으로 수련 시퀀스를 이행하고, 사바아사나를 취하기 위해 매트 위에 몸을 눕혔다. 선생님은 음악을 바꾸고 스피커 볼륨을 살짝 높였다.

이글스가 아닌 여성의 목소리로 「Desperado」가 흘러나온다. 선생님은 무법자처럼 누워있는 수강생 사이사이를 오가며 귀 뒤편에 오일을 발라준다. 관자놀이와 광대를 스친 향이 미끈하고 온화하다. 한 번의 터치로 몸이 가라앉는다. 노래의 마지막쯤 "You better let somebody love you"가 흘러나올 땐 나도 모르게 유베러레썸바리러뷰라며 화음을 넣는다. 노래가 끝나고 선생님의 목소리가 들린다. 잠든 발가락과 손가락을 꼼지락꼼지락 깨운다. 선생님은 누운 상태에서 합장하라고 한다. 누워서 하는 나마스테라니⋯ 천장을 바라보며 칼칼한 목소리로 나마스테, 했다.

수련이 끝난 후, 선생님은 부리나케 자리에서 일어나 냉장고에서 작은 아이시스 생수병을 꺼내 왔다. 에어컨을 틀기엔 애매하고, 창문을 열자니 아직 방충망을 설치하지 못했다며, 수련하는 동안 꽤 더웠을 거라고 차가운 생수를 수강생들 손에 하나씩 쥐어 주었다.

새롭게 단장한 요가원을 오랜만에 찾으면서 속으로 여러 걱정을 했었다. '새로운 수업 방식이 나랑 맞지 않으면 어떡하지.' '새로운 강사님 스타일에 잘 적응할 수 있을까?' '내가 지금껏 경험했던 편안한 분위기와 다르면 안 되는데, 아직 수강권이 11회나 남아있는데⋯⋯'와 같은 근심이었다. 하지만 수련이 끝나고 시원한 생수를 손에 꼭 쥐어주는 그의 배려에 얼마 전의 걱정이 기우였음을 깨달았다. 마음을 동하게 하는 건 거창한 게 아니라 아주 작은 마음이었다. 200ml짜리 생수에 마른 목을 적셨고, 200ml짜리 생수 하나로 건조했던 마음이 촉촉해졌다. 아무래도 나는 군걱정은 그만하고 누군가 나를 사랑하게 내버려 둬야겠다.

동아줄

소머리 자세(고무카 아사나)를 취하기 위해 왼팔을 접어 견갑골 사이로 가져온다. 오른손으로 왼 팔꿈치를 잡고 아래로 누른다. 머리 뒷부분에 닿은 팔뚝을 뒤통수로 밀어낸다. 고개를 뒤로 밀어낼수록 느껴지는 불편함을 의식하며 반대편 손을 등에서부터 접어 올린다. 두 손가락이 맞닿을 수 있게끔 머리에 힘을 빼고 목과 어깨의 긴장을 풀어보지만, 왼팔은 내려올 생각이 없어 보인다. 마찬가지로 오른팔도 위로 올라갈 마음이 전연 없다. 고집 센 두 손은 같은 극의 자석처럼 서로를 밀어냈다.

    등에서 보이지 않는 사투를 벌이며 미간을 찌푸리고 있는 내게 선생님은 요가 스트랩을 가져다주었다. 왼손으로 스트랩을 잡고 동아줄을 내리듯 툭 떨어트린다. 뒤집은 오른손으로 스트랩을 쥐어 조금씩 줄을 타고 올라간다. 잡은 끈은 튼튼한 동아줄인데, 정작 내 근육은 썩은 동아줄처럼 언제든 끊어질 듯 위태롭다. 야금야금 끈을 타고 올라가 보지만 굳어있는 어깨가 쉽게 틈을 내어줄 리 만무하다. 손과 손 사이가 태평양보다 넓다. 아무리 용써봐도 안 되는 건 안 되는 거다. 허둥대는 마음을 그만 놓아준다. 비틀고 조여내는 이 과정이 귀찮으면서도 아무런 고통과 노력 없이 끝에 도달한다면 어떤 의미가 있을까 되뇐다. 오늘도 나는 매트 위에서 낑낑대며 하루를 시작한다.

덧대어지다

[Therapy Yoga 10:40~11:40 ** 강사]

    공용 매트 위에 개인 매트를 덧대어 깔았다. 선생님은 인원수에 맞게끔 요가 볼스터를 하나씩 매트 앞에 놓아주었다. 처음 사용해 보는 이 소도구는 흡사 죽부인처럼 생긴, 그보다는 길이가 짧지만 속이 묵직한 덧베개였다. 무엇을 덧대는가 했더니 몸을 덧대는 용도였다. 수련하는 동안 둥글고 기다란 베개 위에 손목과 허벅지 안쪽, 그리고 정신을 툭— 올려두었다.

    지금껏 해온 요가와 또 다른 느낌이었다. 테라피 요가를 시작할 때 선생님은 하타와 빈야사를 하며 늘어난 근육과 마음을 풀어주는 시간이라고 설명해 주었는데, 머지않아 요가 앞에 '테라피'가 붙은 것을 이해할 수 있었다. 볼스터를 이용해 상체를 넘기고, 골반을 내리고, 등을 젖혔다. 그 와중엔 한 번도 해보지 않았던 동작이 있었다. 무릎을 꿇고 앉은 자세에서 그대로 상체를 뒤로 눕히는, 종아리와 허벅지 안쪽이 꽈아악 조여지는 자세였다. 절반도 몸을 누이지 않았는데, 신통(新痛)과 강한 신통(身痛)이 찾아왔다. 20초를 버티지 못하고 신음을 뱉어내며 감정을 보였다. 선생님의 도움을 받아 꺾인 다리를 천천히 풀어냈다. 몸을 조여내는 시간만큼 저릿한 다리가 돌아오는데도 비슷한 시간이 걸렸다.

    요가원에 점차 적응하고 있다. 애초에 시도조차 하지 못할, 두려움에 젖혀지지 않았을 허리가 조금이라도 뒤로 넘어간 건 볼스터 위에 척추를 길게 늘어놓았기에 가능한 일이었다. 처음 해보는 테라피 요가와 처음 사용해 보는 소도구. 요가원을 찾을 때마다 매트를 펴는 창가 자리와 귀에 익기 시작한 선생님의 목소리…. 그 모든 것들에 조금씩 덧대어지고 있다.

서로가 서로를

비가 내린다. 무거워진 몸으로, 젖은 발걸음으로 요가원 계단을 오른다. 가벼운 비틀기로 시작된 수련. 허리를 비트는 동작에서 잠시 머문다. 이런! 졸음이 밀려온다. 선생님의 말씀을 따라 몸을 움직여야 하는데 자꾸 흐름을 놓친다. 비몽사몽 눈이 반쯤 잠겨 수련에 집중하지 못한다. 이건 테라피 요가니까… 긴장된 몸을 풀어내는 요가니까… 수련하며 졸고 있는 나를 정당화한다.

요가 볼스터를 천골에 대고 눕는다. 허리가 땅에서부터 두 뼘 솟는다. 손바닥을 바닥에 내려놓고 두 다리를 뒤로 넘긴다. 무릎을 붙인 상태에서 다리가 좀처럼 올라가지 않는다. 팔은 자꾸 뜨고 어깨로 과한 힘이 들어간다. 억지로 손바닥을 붙이고 있자니 팔뚝이 저리고 복부엔 쥐가 날 것 같다. 어쩔 수 없이 반동을 이용해 다리를 등 뒤로 넘긴다. 이번엔 목덜미가 눌려 발끝을 땅에 내려놓을 수 없다. 수련 초기에도 이 동작에서 여러 번 멈칫했고 수차례 두려움의 벽에 부딪혔다. 수련을 시작한 지 반년이 지나가고 있지만, 여직 두렵고 무서운 것이 많다.

볼스터를 천골에서 오금으로 내린다. 후면이 바닥에 고르게 닿도록 편히 몸을 누인다. 오늘도 선생님이 양 귓불에 오일을 스윽 발라준다. 호흡할 때마다 오묘한 향이 코를 간지럽혀 달아났던 잠이 다시 몰려온다. 얕은 잠에서 깨어나 무릎 앞에서 깍지를 끼고 상체 가까이 두 다리를 당겨온다. "택민님, 이전보다 골반이 많이 풀어지셨는데요?" 선생님은 무심히 정강이를 눌러주며 칭찬을 건넨다. 난 밖으로는 신음하며 "으으"했고 속으로는 '오오'하며 반색했다.

때론 마음보다 몸이 더 빠르게 변화하기도 한다. 심(心)은 발을 뗄까 말까 주저하는데, 신(身)은 이미 한발 성큼 내딛고 있을 때가 있다. 마음이 망설일 땐 몸이 앞서 나가고, 몸이 머뭇거릴 땐 마음이 불쑥 튀어 나갔으면 한다. 서로가 서로를 알아주고, 서로가 서로를 보완해 주었으면 한다.

저마다의 노래

스피커에서 흘러나오는 현악기 소리가 요가원을 가득 채운다. 멜로디에 맞춰 갈비뼈를 퉁기자, 몸이 거친 쇳소리로 화답한다. 나뿐만 아니라 여기저기서 앓는 소리가 새어 나온다. 우린 이 공간에서 함께 몸을 움직이며 저마다의 곡조를 뽑고 있는 게 아닐까. 누군가는 표정으로 누군가는 호흡으로 누군가는 마음으로 연주한다. 매트 위에서의 동작은 춤사위가 되고, 머릿속에서 떠오르는 생각들은 노랫말이 되며, 개중 오래도록 맴도는 상념은 후렴구가 된다.

무해한 비웃음

오늘은 머리 서기를 다른 방법(시르사아사나 II)으로 시도했다. 무릎을 꿇고 앉은 자세에서 등 뒤로 깍지를 끼고 가슴을 활짝 열어 허리를 앞으로 수그렸다. 허리를 들어 올리면서 바닥에 닿는 지점을 이마에서 정수리로 옮겼다. 깍지를 풀고 손바닥을 무릎과 이마 사이에 내려놓았다. 손가락을 살짝 구부려 엄지와 검지 사이로 강하게 힘을 실었다. 머리로 많은 하중이 실리지 않도록 양 손바닥으로 지면을 강하게 밀어냈다. 발끝을 세우고 엉덩이를 위로 치켜올려 한 발 한 발 복부 쪽으로 가져와 왼 무릎을 왼 팔꿈치 위에 올렸다. 균형을 유지하며 반대편 다리도 오른 팔꿈치 위에 툭. 동작을 이어가는 방식이 바카아사나를 시도할 때와 흡사했다.

다리를 천천히, 아주 천천히 들어 올렸다. 복부에 힘을 주고 몸을 최대한 일자로 폈다. 몇 번의 시도와 작은 성공을 반복하자 온몸의 힘이 풀렸다. 석고대죄하는 모습으로 바닥에 엎드려 거친 숨을 내쉬었다. 허벅지와 종아리에 굵은 땀방울이 맺혔고, 다리를 포개어 앉으면서 땀이 그대로 매트에 묻었다. 이렇게 많은 땀을 흘리고 비벼댄다면 따로 소금칠을 안 해도 될 것 같았다. 생각해보니 어느 순간부터 매트가 미끄럽지 않았는데, 그간 흘린 땀이 값없는 일이 아니었나 보다.

"시간이 벌써 이렇게 됐네요. 오늘 했던 걸 자주 연습하면 시르사아사나도 수월하실 거예요. 오늘은 여기서 마무리하겠습니다. 나마스테."

수련이 끝난 후에도 허벅지가 후들거렸다. 땀에 절어 헐떡이는 내 모습이 웃긴다는 듯 허벅지는 낄낄대며 웃음을 멈추지 않는다. 어기적어기적 집으로 돌아오며 차라리 몸이 더 나를 실컷 비웃어줬으면 좋겠다고 생각했다. 그 웃음들로 인해 내가 조금 더 단단해질 수 있길 바랐다. 내가 나를 비웃을 수 있다니, 이 얼마나 무해한 비웃음인가!

소란

월요일부터 장마가 시작된다고 연신 겁을 주더니 목요일이 돼서야 비가 내린다. 안전안내문자는 호우주의보가 발령됐다며 비가 많이 내리면 지하에 머물지 말고 지상으로 대피하라 한다. 또다시 당연한 말을, 무책임한 발언을 수신자의 동의 없이 흩뿌리고 있다.

가장 큰 우산을 쓰고 현관을 나선다. 발바닥에 붙은 모래를 털고 요가원으로 들어갔다. 천장을 때리는 빗소리를 들으며 수련을 시작한다. 몸을 움직인 지 얼마 되지 않아 호우주의보가 내게로 이동했는지 땀이 비 오듯 쏟아진다. 유리창을 타고 흐르는 빗물처럼 허리춤으로 국지성 호우가 내린다. 반면 거칠어진 호흡 때문에 입 안은 가뭄이 온 듯 메말랐다.

오늘은 변형 동작을 통해 우르드바 다누라아사나에 도달하기로 했다. 다운 독에서 왼발을 천장으로 들어 올려 무릎을 반쯤 굽혔다. 접은 다리를 뒤로 돌려 바닥에 내려놓고 왼팔을 귀 옆으로 가져와 길게 뻗었다. 낙지처럼 허리가 꼬이고 거미처럼 여러 발로 땅을 눌러냈다. 머리에 힘을 빼 시선을 아래에 두고 뻗어낸 팔을 땅에 내려놓아야 했지만, 나는 신체적 한계를 느끼고 매트 위로 철퍼덕 쓰러졌다.

대부분이 나와 비슷했고, 몸을 어떻게 움직여야 하는지 궁금해 하는 수강생들을 위해 선생님은 느린 속도로 동작을 보여주었다. 평온한 얼굴로 아사나를 행하는 모습에 실소가 터져 나왔는데, 인간의 몸에 대한 경외감이자 어려운 동작을 쉽고 느리게 할 수 있을 때까지 노력한 선생님에 대한 존경심이었다. 그를 따라 반대 방향으로 동작을 취해봤지만 다시 한번 고꾸라졌다. 그리고 사바아사나.

몸을 눕히고 눈을 감자 이곳저곳에서 소리가 덮쳐온다. 마침 요가원에 들어온 원장님의 짐 정리하는 소리, 스피커에서 흘러나오는 새 울음소리, 바깥에서 들려오는 빗소리, 천장에 딸린 하수구에서 물 흐르는 소리가 겹친다. 주변을 맴도는 선생님의 발소리와 호흡을 가다듬는 수강생들의 숨소리 그리고 유독 수선스러운 유월을 보내고 있는 내면의 소음이 더해진다.

    5분여의 아사나를 마쳤을 땐 스피커에서 흘러나오는 새소리만이 귀로 만져졌다. 여러 소란이 찾아오고, 그 소란은 다시 나를 거쳐 어딘가로 흩어졌다. 수련이 끝나고 선생님께 인사를 드리는데, 선생님은 내게 다가와 왼발을 넘길 때보다 오른발을 넘길 때 훨씬 자연스러웠다며 칭찬해 주었다. "하핫, 그런가요…." 멋쩍은 웃음을 남기고 요가원을 빠져나왔을 땐, 우산을 펴지 않아도 될 정도의 부슬비가 내리고 있었다. 한 시간 사이 세차게 내리던 비가 수그러들었고, 딱딱했던 마음은 살짝 말랑해졌다.

눈을 감았을 때 보이는 것이 있고, 눈을 떴을 때 보이는 것이 있다 눈을 감았을 땐 몸이 보이고 눈을 떴을 땐 마음이 보였다

저도 글을 쓰고 있어요

 이 책의 초판본을 읽은 동네 지인이 요가에 관심이 생겼다며 내가 다니는 요가원을 궁금해했다. 인스타그램 아이디와 위치를 알려주었고, 이 주 뒤쯤 요가원에서 그를 조우했다. 오늘이 원데이 수강으로 세 번째 방문이라고 했다.

 지인과 함께 수련하고 있는 이 순간이 마치 친구에게 맛집을 소개해 주고, 그가 맛있게 먹고 있는지, 입맛에 맞는지 곁눈질로 반응을 살피던 날과 비슷했다. 수련이 끝나고 그가 정규 수강권을 결제하기 위해 사무실로 들어갔을 땐 왠지 모르게 뿌듯한 마음이 들었다. 우리는 이렇게 만난 김에 저녁 식사를 함께하기로 했고, 나는 근처 초밥집이 어떤지 물었지만 그는 날음식을 먹지 못한다고 했다.

주변을 둘러보다 눈에 보이는 감자탕집으로 들어갔다. 뼈해장국 두 그릇을 시켜놓고 이런저런 이야기를 나누는데, 삼고초려 끝에 8회 수강권을 끊은 그의 선택이 왠지 이해될 것도 같았다. 그가 작게 뭉쳐낸 차가운 초밥보다는 뜨거운 공깃밥과 비슷한 성향을 가진, 자신의 체온으로 충분히 익히고 데운 후의 감각을 믿는 사람처럼 느껴졌기 때문이다.

"택민님, 저도 글을 쓰고 있어요."

뼈를 뜯고 있는 내게 그가 말했다. "오전엔 발레 수업을 하고, 오후엔 요가 수련을 받으면서 느낀 감정들을 적어낸 건데요.「수업과 수련」이란 제목으로 글을 모으고 있어요. 한번 읽어보실래요?" 이미 독립출판 경험이 있는 그가 다음 책을 구상하고 있다며 내게 아이폰 메모장을 불쑥 내밀었다.

발레 강사로 지내며 아이들에게 동작을 가르치는 입장과 요가원에서 심신을 수련하는 입장을 대비적인 관점으로 적어낸 글이었다. 내가 요가와 작문을 비교했듯, 그는 요가와 발레를 저울질하며 비슷한 움직임이 주는 감각을 흘려보내지 않고 기록하고 있었다. 그가 수련 후의 기분을 탄산수에 비유한 문장을 보고 아, 이 사람에게 요가는 청량한 이미지구나 상상했다.

    누군가의 작은 권유로 시작하게 된 요가다. 그런 내가 또 다른 누군가에게 요가를 시작하는 계기가 된다는 사실이 놀랍고 신기하기만 하다. 그뿐 아니라 요가하며 느낀 것들을 나처럼 기록하고 있다고 하니, 오늘의 마음을 글로 남기는 일이 헛된 것이 아니라는 큰 위안을 받는다. 당장 가시적인 성과를 보여주진 못하더라도 그 마음을 헤아려 주는 사람들 덕분에 보이지 않은 무언가를 계속해서 좇을 힘이 생긴다.
    앞으로 한 달간의 수련이 그에게 어떤 의미로 가닿을까. 비록 생식을 먹지 못하는 그이지만, 수련하며 느끼는 감각들을 지면 위로 생생히 덜어낼 수 있기를, 그리고 그 글을 충분히 익히고 데울 수 있기를 바란다.

나무

정오 수업을 예약했는데, 눈을 떠보니 이미 열두 시다. 주말 동안 행사를 치르며 누적된 피곤함에 어젯밤의 숙취가 겹쳐 열한 시 반 알람을 듣고도 몸을 일으키지 못했다. 서둘러 옷을 챙겨 입고 요가원으로 달려갔다. 가랑비가 내리고 있었지만 급하게 뛰쳐나온 내 손엔 우산이 없었다. 비 맞은 생쥐 꼴로 요가원에 들어섰을 때, 요가원 시계는 열두 시 십오 분을 가리키고 있었다. 원장님에게 민망함의 눈인사를 건네고 조용히 매트를 폈다. 가쁜 숨을 가다듬고 다음 동작으로 넘어가는 원장님의 구령에 맞춰 몸을 움직이기 시작했다. 손바닥과 양 무릎을 바닥에 댄 테이블 자세에서 정면을 바라보며, 왼팔을 앞으로 들어 올리고 오른다리를 뒤로 뻗어냈다. 버드 독 자세(단다야마나 바르마나아사나)였다.

막대기처럼 뻗은 몸이 작은 호흡에도 사시나무처럼 떨린다. 원장님은 그럴 때일수록 시선을 한 군데로 고정해 마음을 차분히 가라앉히라고 한다. 시선을 눈높이에 있는 창밖 나뭇가지에 내려놓는다. 호흡을 규칙적으로 뱉어내며 균형을 잡는다. 그나저나, 저 나무는 어떻게 수많은 가지의 무게를 지탱하고 있는 걸까. 나무는 놀랍게도 기둥 하나로 자신의 모든 것을 떠받치고 있다.

곁을 내어준 것들은 왜

한 주간 자리를 비웠던 Y 강사님이 돌아왔다. 그는 요가 시작 전, 폼롤러를 수강생에게 하나씩 가져다주며 안타까운 소식을 함께 전했다. 말인즉슨 개인적인 사정으로 인해 이번 달을 끝으로 고향에 내려가게 되었다는 것. 어째서 곁을 내어준 것들과는 끝내 멀어지고 마는 걸까. 새로 개원한 요가원에서 수강생들과 친해지고 있는 지금, 부득이하게 떠나야 하는 이 상황이 무척 아쉽다는 말을 덧붙였는데, 그건 선생님의 스타일에 점차 익숙해지던 나로서도 마찬가지였다.

지난 5월 요가원은 리모델링 기간을 가지면서 원장님과 강사진이 모두 바뀌었고 최근에는 상호명도 변경되었다. 많은 부분이 변한 요가원에 다시 적응할 수 있었던 건 Y 강사님의 덕이 컸다. 자세를 알려주는 왠지 모를 헐

령한 태도가 내게 인간적으로 와닿았고, 몇 번 마주하지 않은 수강생의 이름을 기억하고 호명해 줄 때 보이지 않는 노력을 느낄 수 있었다.

이제 막 여름의 언덕을 넘어가고 있건만, 그는 저 멀리 내려가려 한다. 내가 이 요가원을 영원히 다닌다는 것도 아니고, 그가 이곳에서 영원히 머문다는 보장도 없는데, 이렇게 또 한 번의 이별을 맞이한다는 사실 앞에 몸에서 무언가가 빠져나가는 듯하다.

하지만 머지않아 나는 언제 그랬냐는 듯 다른 강사에 의해 몸이 뒤틀리고 마음이 동하고 있을 테다. 강사님 또한 다른 누군가의 몸과 마음을 의뢰받아 수련을 나누고 있을 테지. 앞으로 우리가 얼굴을 마주하진 못하겠지만 각자의 매트 위에서 수련을 이어 나갈 것이므로, 요가를 지속하는 한 어디서든 함께 호흡하는 것과 다름없지 않을까.

떠나가는 모든 이에게 작게 읊조린다.

"Never goodbye. Always see you later."

물 밖의 물고기

꾸벅꾸벅, 꾸벅꾸벅……

30도를 웃도는 날씨 탓일까 집을 나섰을 때부터 피로가 몰려왔다. 눈을 감고 동작을 이어가다 잠시 호흡이 길어지면 나도 모르게 고개를 떨궜다. 견갑골에 블록을 대고 누워 물고기 자세(마츠야아사나)를 취하는데, 늘어나는 골반과 어깨 근육에 잠이 계속 쏟아졌다. 블록을 덧댄 자세로 사바아사나를 대체하며 수련은 마무리됐다. 잠결에 "나마스테"를 우물거리고 요가원 밖을 나섰을 땐, 매트 위에서 한낮의 꿈을 꾼 게 아닌가 하는 착각이 들 정도였다. 어떤 동작을 했는지, 어떤 생각이 스쳤는지 도무지 기억나지 않았다. 물 밖으로 나온 물고기처럼 눈만 껌뻑일 뿐이었다.

껌벅껌벅, 껌벅껌벅……

반복

자신(自信)은 반복에서 온다. 권태 또한 반복에서 온다. 그렇다면 이런 의문을 품게 된다. 반복이란 무엇인가.

생은 따분한 하루의 반복일까, 매일 새롭게 펼쳐지는 축제일까. 시간이라는 개념 아래에 새로이 다가오는 것들을 반복이라 착각하고 있는 건 아닐까. 365일로 규정한 1년이란 시간도 4년에 한 번씩 균열이 생긴다. 윤달의 윤(閏)은 잉여의 뜻을 지닌다. 나눗셈으로 똑 떨어지지 않고 튀어나온 하나의 일자가 반복을 깨트리지만, 그 또한 4년 주기로 반복된다.

그럼 다시 한번, *반복이란 무엇인가.*

요가를 반복하며 수련하고 있지만, 수련 초에 해냈던 동작이 별안간 되지 않았다. 할라아사나를 하는데 등허리가 미치도록 뻐근했다. 척추로 길게 전해지는 시큰함에 다리를 등 뒤로 넘기지 못했다. 오랜만에 뒤통수에 달린 두려움을 마주했고 그 두려움에서 도저히 벗어날 수 없었다. 반복함으로써 나아지는 것이라면 나는 이전보다 수월하게 아사나를 행해야 했다. 하지만 대척점에 있는 두려움이 보색처럼 따라왔고, 수련을 거듭할수록 그 대비는 더욱 짙어졌다.

잊을 만하면 찾아오는 몸의 두려움이 윤달과 같은 균열이라고 생각하면 괜찮아질까. 반복 속에 또 다른 반복이 있다는 사실을 마치 자연법칙처럼 당연하게 여긴다면 내게 찾아온 권태가 옅어질까. 권태마저 사랑이라면 권태를 피하지 않고 마주할 때 비로소 진실을 마주할 수 있을까. 반복하면 나아질 거라는 불확실한 희망 속에서 일신우일신 하는 것을 마치 유일한 정답으로 간주하고 있던 게 아닐까.

수많은 자문을 반복한 결과, 이러한 정념이 오늘 처음 찾아온 게 아님을 깨달았다. 요가를 시작하던 올해 초에도 품었던 의문이었고, 성인이 되어 누구의 도움 없이 선택을 내리기 시작할 때도 찾아온 문제였다. 반복이란 무엇인가 물음을 던지고, 반복되는 하루에 대해 의문을 품어보지만 이러한 고민의 순간마저 되풀이되고 있었다.

여름 나기

올여름은 요가 일러스트 티셔츠를 깔별로 돌려 입으며 지내고 있다. 오늘도 차콜색 티셔츠를 꺼내 입으며 나의 것으로 한 계절을 보낼 수 있다는 생각에 괜스레 용기가 났다. 유명 브랜드 옷으로 로고 플레이를 하지 않아도, 화려한 디자인의 누구나 부러워할 만한 옷을 입지 않아도, 친구가 그린 그림을 활용한 티 몇 장으로 여름을 보낼 수 있다는 사실이 좋았다. 요가를 시작하고부터 남들과 비교하는 옹졸한 마음이, 비교로 인해 작아진 마음이 꽤 유연해졌다는 걸 최근의 옷차림을 보며 깨닫고 있다. 어떤 옷을 입든지 간에 옷보다 옷을 입는 사람이 중요하다는 것. 그렇다고 허름하게 입는 게 아닌, 내가 온전히 나일 수 있고, 나를 잘 표현할 수 있는 차림을 스스로 알고 선택하는 것. 나는 분명 수련을 통해 바뀌고 있다.

의문들

어깨를 펴지만 펴지지 않는 마음에 대해 생각했다. 골반을 풀어내지만 풀리지 않는 기분에 대해 생각했다.

*

하프 하누만아사나를 하며 강도 높은 불편함을 마주했다. 고관절과 오금, 발목과 시선. 어느 하나 편한 곳이 없었다. 엉덩이에 블록 두 개를 덧대어 앉았지만 그것으로도 부족했는지 허리 균형은 자꾸 무너졌다. 뻗어낸 발끝은 제자리를 찾지 못하고 연신 부들부들 떨렸다.

*

발목이 아프면 위장도 좋지 않아 소화가 잘 안된다고 하는데, 지금 나는 미간을 찡그리기 때문에 마음이 불편하고 고관절이 뭉쳐있기 때문에 기분이 좋지 않은 걸까.

*

오늘도 수련하며 졸았다. 아사나를 취하기 전 몸을 풀어내는 동안 잠이 몰려왔다. 선생님의 나른한 목소리에 취해 자꾸 고개를 떨궜다. 피곤은 수련을 방해한다.

*

사바아사나로 수련을 마무리하지 않는 날이 많아진다. 송장 자세라 불리는 이 자세를 취하지 않아서인지 죽지 못한 영혼이 요가원을 맴돈다. 오늘은 왠지 요가원 계단을 내려와 한참을 멈춰 서있었고, 집으로 돌아오며 쉬이 수련 일지를 적지 못했다.

*

여독을 풀어내지 못하고 마주한 월요일. 잠을 떨쳐내지 못하고 들어선 요가원. 명상하지 못하고 돌아온 현세. 달리지 못한 새벽.

*

수련 중 조는 사람은 피곤한 사람일까, 평정심을 유지하는 사람일까. 붉어진 하늘에 마음이 분주해지는 난 어떤 사람일까.

에카파다 라자카포타

오전 시간대에 요가원을 자주 찾는 편이지만 아침을 먹고 간 적은 드물었다. 끼니를 챙겨 먹기 귀찮은 게 가장 큰 이유였고, 공복 러닝처럼 공복 요가도 몸에 좋지 않을까 하는 막연한 기대도 있었다. 어제는 신대방에 위치한 요가원을 다녀오면서, 식후 2시간 수련이 가장 좋은 것 같다는 선생님의 말씀을 들었다. 그래서 오늘은 아침 일찍 글 작업을 시작하며 잠봉뵈르와 커피를 시켜 먹고 요가원을 찾았는데, 정말이지 빈속일 때와 달리 팔다리에 힘이 들어가는 게 느껴졌다. 평소보다 수련에 집중하며 얇게 저민 햄처럼 찾아오는 세분화된 기운을 감각했다.

    앉은 자세에서 오른 다리를 뒤로 길게 빼고 왼 다리를 안으로 접는다. 허리를 빳빳이 세우고 어깨를 열어 골반을 아래로 누른다. 눌러낸 골반으로 괴상한 아픔이 찾아온다. 몸이 주는 고통이 수만 가지가 있다는 걸 요가하며 여러 번 느끼고 있다. 상체 힘으로 허리를 세울 수 있도록 골반을 더 내린다. 뒤로 뺀 다리를 등 쪽으로 접고, 오른팔을 뒤로 보내 발목을 잡는다. 말린 어깨 때문에 어깻죽지는 뻐근하고 허벅지는 앞뒤 할 것 없이 쩌릿하다. 애써 발목을 잡아 다리를 끌어오지만, 자꾸만 바깥으로 튀어 나가면서 몸이 한쪽으로 기운다. 몇 번이고 다리를 접어보지만 픽픽 쓰러지고 만다.

이어서 왕비둘기 자세(에카파다 라자카포타)를 시도한다. 원장님은 조용히 내 옆으로 스트랩을 가져다준다. 다들 분투하고 있지만, 내가 다른 수강생보다 배는 더 버거워 하고 있다는 걸 눈치챈 모양이다. 스트랩으로 고리를 만들어 발목에 걸어 잠근다. 조금 전처럼 다리를 접어 올린다. 이번엔 한 손이 아닌 두 손으로 스트랩을 쥐고 발을 끌어 올린다. 그리고 몸과 연결된 집착의 스위치를 끈다. on/*off*.

다가오는 것들로부터 시선을 떼어내고 다가가야 할 것에 시선을 둔다. 호흡이 차분해지고 흔들리던 몸이 균형을 찾는다. 왕비둘기 자세는 아닐지라도 스트랩을 이용해 어린 비둘기 정도의 자세를 취할 수 있었다.

이름도 복잡한 에카파다 라자카포타에 가닿기 위해선 그만큼 어려운 순간들을 지나야 할 것이다. 에, 카, 파, 다를 넘어야 하고, 라부터 타까지의 절차를 밟아야지만 어린 비둘기가 성체로 성장할 수 있을 테다. 아직 내게 비둘기는 평화의 상징이 아니다. 공원에서 무리 지어 다니는 모습에 눈살이 찌푸려지는 존재에 가깝다. 유유히 인도를 걸어 다니는 새에게 지레 겁을 먹지 않기 위해선 주위로 뻗어나가는 신경 버튼을 꺼야 한다. 모자를 깊게 눌러쓰고, 검은 우산으로 시야를 가리듯 오직 나의 발걸음만을 응시해야 한다.

마음에

오늘도 쉽지 않은 수련이었다. 허리를 숙이거나 뒤로 젖히는, 이른바 전굴이나 후굴 어느 것 하나 간단한 동작이 없었다. 에어컨 바람이 공간을 채우고 있었지만 자세를 이어가는 동안 온몸에서 땀이 흘러내렸다. 무더운 거리에서 흘리는 땀은 솔직하고, 시원한 요가원에서 흘리는 땀은 정직하다.

국어사전에 '솔직하다'와 '정직하다'를 검색해 보니 똑같은 문장으로 뜻을 해석해 두었다. *거짓이나 숨김이 없이 바르고 곧다.* 다만 정직하다 앞에는 '마음에'라는 말이 조건처럼 붙어있다. 마음에 거짓이나 숨김이 없이 바르고 곧다. 후덥지근한 여름, 땀을 흘리는 건 어찌 보면 당연하다. 하지만 적정 온도를 유지한 실내에서 땀을 흘리는 건 당연하지 않다. 수련에 집중하여 몸을 부단히 움직이고 동작 하나하나에 몰두해야만 가능한 일이다.

    요가뿐 아니라 삶을 대하는 태도 역시 솔직을 넘어 정직해야 하지 않을까. 정직하기 위해선 솔직해야 하고, 솔직해야 정직할 수 있다. 몸은 거짓말하지 않는다. 포커페이스를 유지하지 못하고 감정을 고스란히 드러내는 내 얼굴처럼 그동안의 연마가 몸으로 자연스레 나타날 것이다. 거짓으로 마음을 전하고, 무언가를 숨긴 채 대화한다면 그건 분명 어떤 식으로든 표가 난다. 거짓 없이, 숨김 없이, 바르고 곧게 수련에 임한다면 스스로에게 품는 의문들로부터 거리낌이 없어질 수 있을까. 수련을 통해 내가 나에게 솔직을 넘어 정직하길 바란다.

엉켜버린 줄

어젯밤에 보던 영화를 이어서 봤다. 남은 러닝타임은 30분, 요가 시작 전까진 40분. 엔딩 크레디트까지 이어지는 결말을 마주하고 나서야 차를 끌고 요가원으로 갔다. 안 그래도 늦었는데 이삿짐 차량이 좁은 골목길을 막고 있다. 왜 나는 이 모양 이 꼴인 걸까. 꽉 막힌 도로만큼이나 꽉 막힌 마음이 싫어진다. 예상에 없던 일이 생기자 만사가 귀찮아진다. 목전에 둔 요가원에 들어가기 싫고, 방문하지 못한 사정을 설명하기도 번거롭다. 요즘엔 자주 이런다. 그렇게 흘러갈 수밖에 없는 상황을 만들어 놓고, 그렇게 흘러가는 상황을 탓하고 있다. 물은 그저 내가 판 도랑으로 흘러갈 뿐임에도 말이다.

복잡한 마음을 뒤로 하고 골목길을 돌아 주차장에 차를 댔다. 5분 지각이다. 스튜디오 메이트 앱상으로는

네 분 참여로 기재되어 있었는데, 태풍의 여파인지 한 분밖에 오시지 않았다. 수강생은 원장님의 핸즈 온에 따라 온몸을 비틀고 있었고, 나는 요가원으로 오는 길에 이미 마음이 배배 꼬여 있었다. 땀에 흥건히 젖은 채 수련을 마치고 나왔지만, 꼬일 대로 꼬여버린 감정의 선(線)은 쉽게 풀리지 않았다. 이런 감정 기복이 지속된다면 차라리 나와 세계 사이에 연결된 선을 끊어버리는 것도 좋은 방법이란 생각이 들었다.

    기분은 왜 편해야 하는가. 마음은 왜 평안해야 하는가. 가져본 적 없는 마음을 왜 자꾸 탐하는가. 욕심이 곧 번뇌다. 세상은 번잡한데, 마음은 그보다 더 혼란스럽다. 노상 그래왔고 앞으로도 그럴 것이다. 벗어나려 하지 마라. 벗어나려 할수록 벗어날 수 없다. 태양을 가리는데 어찌 그늘이 생기겠는가. 물은 아래로 흐르는데, 빗물이 흘러 도달한 신발엔 냄새만이 남는다. 도피는 결심일까, 무책임한 선택일까. 나는 주머니 속에서 저 혼자 엉켜버린 줄 이어폰이다.

오래 머문 마음

"불편한 부위로 호흡을 밀어 넣으세요."

 불편을 마주하는 것을 넘어 불편한 부위로 호흡을 밀어 넣어 그곳으로 호흡하라고 한다.

 엎드린 상태에서 가슴 옆으로 손바닥을 내려놓는다. 바닥을 강하게 밀며 허리, 가슴, 목을 차례로 들어 올린다. 말려든 어깨를 펴고 무너지는 허리를 세운다. 서로 가까워지려는 귀와 어깨를 의식적으로 밀어낸다. 닿을 수 없는 것으로부터 욕심을 덜어내는 마음으로. 그렇게 부장가아사나에서 오래 머무른다. 허리로 불편한 기운이 몰려왔지만 선생님 말씀처럼 척추와 골반으로 숨을 불어 넣는다. 허리로 호흡하며 불편함이 지나가길 기다린다.

불편이란 녀석을 무시하자 그도 그런 내가 재미없는지 몇 분 지나지 않아 홀연히 사라져 버렸다. 호흡이 편해지자 손바닥을 몸쪽으로 한 뼘 가져온다. 가슴을 한층 끌어올리고 골반은 한층 아래로 내린다. 두 팔로 체중이 쏠려 팔뚝이 후들거린다. 어깨가 무너지기 직전 아사나에서 벗어나 상체를 들어 올린 역순으로 매트 위에 몸을 천천히 내려놓는다.

코와 입뿐만 아니라 내 몸 어느 곳으로도 호흡할 수 있는 거라면, 나의 육신 중 소홀하게 여길 신체 부위가 하나도 없다. 그런 의미에서 몸은 세상과 호흡하는 하나의 통로이다. 통로가 막히지 않도록, 이를테면 손쓸 수 없는 고민으로 머릿속이 복잡하지 않도록, 뭉친 근육 때문에 마음마저 굳지 않도록 자신을 살피는 것. 그것이 바로 수련을 지속하는 이유이지 않을까. 불안한 마음은 행동으로 인해 해갈되고, 불편한 감각은 오래 머문 마음으로부터 무뎌진다.

나는 영웅이 아니다

나의 화, 나의 혼탁한 감정들이 육체를 떠민다. 세상 밖으로. 차창 너머로. 절벽 아래로.

    비가 추적추적 내린다. 습한 기운을 피해서 요가원에 가고자 운전대를 잡았다. 하지만 주차장에 들어섰을 때 뒤늦게 문제를 알아차렸다. 오늘 요가는 저녁 7시 40분 타임이라는 걸. 요가원 근처엔 유명 횟집과 곱창집이 있었고, 술과 잡담을 위해 소주 앞에 모인 이들의 차량이 시간당 천 원이라는 저렴한 공용 주차장에 자리하고 있던 것이다.

    10분 먼저 도착해 몸을 풀고자 했던 예상은 보기 좋게 빗나갔다. 주변을 둘러봐도 주차할 곳은 보이지 않았고, 더는 시간을 지체할 수 없어 핸들을 돌렸다. 불안하게 점멸하는 등을 세차게 지나 아파트 단지 야외 주차장에 차를 댔다. 우산을 챙겨 요가원으로 뛰어가는데, 젠장… 화가 밀려온다. 상황을 통제하지 못하고, 시간을 제대로 활용하지 못하는 내가 답답하기만 하다.

골목길에 들어서자 저멀리 연둣빛 네온사인 간판이 보인다. 2층 요가원을 올라가며 숨을 가다듬어 보지만, 계단은 내 호흡을 더 부추긴다. 이제 막 집중하기 시작한 이들의 고요를 깨고 문을 연다. 선생님께 묵례를 건네고 가까운 빈자리에 매트를 폈다.

수요일 저녁 타임 선생님은 여타 선생님들과 다르게 수강생들 한가운데에 자리를 잡고 있었고, 앞에서 시범만 보여주는 게 아니라 요가원을 찾은 이들과 함께 호흡했다. 그는 오늘 밤 심도 있게 한 동작 한 동작 집중해 보자고 한다. 경직된 몸으로 일상을 보내고 있던 난 그 말에 잔뜩 긴장했다. 시작부터 골반, 어깨, 그 어느 부위도 쉽게 비틀어지지 않았고, 선생님은 애를 먹고 있는 내게 네 명의 수강생과 다른 동작을 주문했다. 그들이 변형 동작을 시도하는 동안 나는 기본 동작에 집중했다. 우선 부장가아사나에서 3분씩 두 번, 6분을 머물렀다.

아기 자세로 허리의 자극을 풀어준 후, 무릎을 꿇고

앉았다. 바즈라사나에서 양발을 옆으로 벌려 엉덩이를 바닥으로 내렸다. 영웅 자세라 불리는 비라아사나를 취했지만, 나는 결코 영웅이 아니었다. 무릎을 꿇고 머무는 것조차 힘겨워하는 내가 다리를 팔(八) 자로 벌려내는 일은 난세에 영웅이 탄생하는 일보다 가능성이 희박했다. 범인인 나는 무리하지 않고 요가 블록을 덧대어 앉았다. 처음에는 블록을 가로로 높게 세워 1분을 유지했고, 자극이 무뎌졌을 땐 넓은 면으로 한 단 낮게 눕혀 2분을 더 유지했다.

다음은 할라아사나. 머리 뒤로 넘긴 다리가 허공을 맴돈다. 엄지발가락이 땅에 닿지 않아 블록을 세워두고 그 위에 발끝을 올렸다. 다른 이들이 몸을 뒤집은 상태에서 고난도 동작을 이어가는 사이, 나는 발끝을 머리 뒤로 넘긴 상태로 가만히 머물렀다. 턱끝이 명치에 닿자 호흡이 거칠어진다. 턱턱 막히는 숨을 고르며 발가락으로 블록을 툭툭 쳤다. 한동안 되지 않던 쟁기 자세에 도전해 보고 싶었다. 다리에 힘을 빼고 복부의 긴장을 내려놓자 상체는 점점 가라앉고, 허공을 떠돌던 발끝은 땅에 살포시 내려앉았다. 깊은 아사나에서 빠져나왔을 땐 경추부터 어깨선이 찌뿌둥했다. 사바아사나로 몸을 이완하는

데도 목이 뻑적지근했는데, 이상하게 기분이 좋았다. 몸은 불편한데 마음이 편했다.

내가 나를 아무리 세상 밖으로, 차창 너머로, 절벽 아래로 떠밀려 해도 육신은 매트 위에 그대로 존재했다. 나의 몸이 이곳에 머무니, 나의 사념 또한 매트 위에 있었다. 내가 나를 놓아주지 않고선 몸도 마음도 나를 벗어나지 못했다. 넘쳐 흐를 것만 같았던 화도 겨우 내 몸을 적실 뿐이었다. 일지를 써내는 지금, 목뒤의 결림이 조금씩 풀리는 게 느껴진다. 1분, 3분 그리고 6분…. 불편하다고 느꼈던 감정은 생각보다 오래가지 않았다.

삐그덕대는 하루일 뿐

오늘은 대체로 흐린 날이었다. 최저 온도 22도에 최고 온도 27도. 그리 덥지도 그렇다고 선선하지도 않은 날. 금일 강수 확률은 60%였고, 수련의 만족도는 그보다 낮았다. 요가원을 나서 집으로 걸어오는 동안 수련 일지를 한 자도 적어내지 못한 날은 오늘이 유일했다. 삶은 내게 살다 보면 이런 날도 있는 법이지, 하며 웃어넘길 수 있는지 작은 시련을 던져주었다. 집으로 돌아와 찬물 샤워를 하고 나오는데 문득 어떠한 시험대에 올랐단 생각에 펜을 들었다(실은 아이폰 메모장에 기록한다).

생각해 보면 생각이 휘발되는 건, 비가 내린다고 해놓고 오지 않는 날씨처럼, 비가 내리고 몇 시간 뒤엔 바닥이 마르는 것처럼 흔한 일이다. 수련이 매번 만족스러울 수 없고, 늘 자극받을 수도 없다. 모든 상황으로부터 글감을 찾을 수 있다면 좋겠지만, 그것은 그것대로 재미없을지 모른다. 사람의 글이란, 특히 내가 기록하는 마음들은 기계적이지 못해서 인간적이고, 공산품처럼 찍어낼 수 없어 소중한 의미를 지니고 있을 테니까. 그래, 나는 컨베이어 벨트 위에서 무던히 흘러가는 존재가 아니지. 하루의 오류가 되어 공장장을 분노케 할 불량품이 되어야 한다. 오늘은 그저 여러 날 중 삐그덕대는 하루일 뿐이다.

끊어내기

최근에 나의 얼굴에 관한 글 한 편을 써야 할 일이 있었다. 3천 자 남짓한 에세이 한 편을 쓰면서 꽤 골머리를 앓았는데, 청탁받은 원고를 쓰는 기간에도 짬짬이 수련을 이어 나갔다. 요가원을 찾은 어느 날, 부동자세를 얌전히 유지하지 못하고 자꾸만 엉덩이를 들썩이는 스스로를 발견했을 때, 그 모습이 마치 긴 호흡으로 글을 쓰지 못하던 어제의 못난 나처럼 느껴졌다. 하기야 요즘엔 수련을 해도 아사나에서 조금이라도 빨리 빠져나올 궁리만 하고 있었으니, 3분은커녕 30초도 내겐 억겁에 가까운 시간일 수밖에 없었다.

차암…… 글이고 수련이고 긴 호흡을 가져가는 게 쉽지 않다. 나에게 글이란 기록에 가까운데, 기록이 글이 되기 위해선 물리적인 시간이 필요했다. 길게 호흡하지 못하는 나를 의식하자 짧은 호흡마저 불안정해졌다. 에세이 한 편도, 단상 한 줄도 적어내지 못하는 상태가 되어버렸다. 알고 보면 단상의 단은 짧은 단(短)이 아니라 끊을 단(斷)이다. 생각을 끊어낸 단편적인 글이 대부분 짧은 게 맞지만, 짧게 적어낸 글이 곧 단상은 아닐 것이다. 되려 단상을 적어내기 위해선 길고 긴 사색의 시간이 필요하다. 단상은 새벽의 침전물이자 막걸리의 누룩과 같다. 결국 수련도, 글하기도, 단기간에 결정되는 단순한 성질의 문제가 아니라는 거다.

"몸의 자극에만 집중하면 마음이 소란해져요."

끊어내야 한다. 호흡을 길게 하겠다는 생각을 끊어내고, 수련하며 찾아오는 잡념을 끊어내고, 요가원에 들어서는 순간 속세와 연결된 끈을 끊어내야 한다. 몸으로 느껴지는 자극 자체를 끊어낼 순 없으니, 자극으로 쏠리는 마음을 끊어내야 한다. 그렇지만 지금은 무엇보다 먼저 소란한 마음을 끊어낼 때이다.

난제

골반이 닫혀있다. 걸쇠로 잠가 놓은 듯 열리지 않는다. 니은 자로 앉아 허리를 펴고 손바닥을 엉덩이 옆으로 내려놓는 것만으로도 허벅지부터 고관절, 무릎 뒤편이 아찔하다. 그래, 요즘 난 아찔한 기분으로 살아간다. 어떻게 이 시기를 지나가야 할지 모르는 상태다. 모르겠을 땐 어떻게 해야 하는지 알려줄 사람이 없어 더욱 모르겠다. 골반은 나의 난제이다. 나는 나의 난제이다.

그럼에도 삶이라는 칠판이 빼곡해질 때까지 수련을 이어가다 보면 나는 나만의 풀이를 만들어낼 수 있지 않을까. 비록 그 답이 모두에게 통용되는 정답이 아닐지라도, 오직 나에게만은 안성맞춤인 답을 찾을 수 있지 않을까. 우린 모두 저마다의 난제가 주어진 삶을 살고, 그 해답은 오직 자기 내면 안에 은밀하게 존재한다. 비록 넉살이 말한 "정답들 사이에 더 인기 있는 오답*"은 못될지라도, 나는 나만의 보폭으로 요가와 글을 통해 천천히 나의 난제를 풀어나갈 것이다.

*넉살, 「막이 내려도」, 2017.

개정판을 펴내며 (2025.08)

이따금 이런 상상을 한다. 독립출판을 하지 않았으면 지금 나는 어떤 일을 하고, 어떤 생각을 하며, 어떤 사람들과 소통하며 살아가고 있을까 하는. 비슷한 감정을 요가에게서 느낀다. 만약 요가를 접하지 않았다면 이토록 굽은 마음을 어디서 풀어냈을까. 그동안 펴낸 책 중에서 다신 써낼 수 없는 글이 있다면, 아마도 이 책에 담긴 문장들이겠다. 나는 결코 당시의 감정을 재현할 수 없으리라.

조금 과장하여 말하자면, 나라는 사람은 '요가를 접하기 이전의 나'와 '요가를 시작한 나'로 나뉜다. 단 한 번의 수련으로 생이 크게 변하진 않아도, 그 한 번의 수련이 삶의 방향성을 바꿀 순 있다. 여전히 자주 약해지는 마음에 한없이 초라해지는 나지만 그럼에도 아침에 눈을 뜨고 몸을 일으킬 수 있는 건, 매트 위에서 심신을 한껏 조여내고 풀어냈을 때의 감각을 기억하고 있어서다.

내게 '좋은 책'이란 책장을 덮고 행동하게끔 만드는

책이다. 누워있는 나를 일으키고, 주저하는 나를 움직이게 하는 책 말이다. 그런 의미에서 나는 이 책이 요가를 처음 시작하는 이들에게 널리 읽혔으면 한다. 초심자의 수련 일지를 엮은 날 것의 기록물이 누군가의 무릎을 매트 위로 옮겨줄 수 있다고 믿는다. 내가 계속해서 무언가를 쓰고 펴내는 건, 지금까지 책에게 받은 빚(어쩌면 빛)을 돌려주고 싶은 마음 때문이리라.

이제 더는 요가 없는 삶을 상상할 수 없다. 리커버판을 준비하며 지난 기록을 살펴보는데, 2년 반 전의 다짐을 오늘날 행하고 있다는 사실이 내심 뿌듯했다. 그러니까, 지금 이 순간 불가능하다고, 허상이라고 여기는 마음이 수년 수개월 뒤에 현실이 되지 말란 법은 없다. 지난날의 나에게서 받은 용기와 위로로 조금 더 무모한, 나만의 프로젝트를 세상에 펼쳐봐도 나쁘지 않을 것만 같다. 이 책을 읽은 당신도, 그러하기를 바란다.

저자의 말

동네 한 바퀴를 뛰다 보면 러너스 하이를 느낀다. 강을 따라 페달을 굴리다 보면 라이딩 모드가 켜지곤 한다. 마찬가지로 수련을 하다 보면 첨벙하고 고요해지는 순간이 찾아온다. 하지만 러너스 하이도, 라이딩 모드도, 첨벙하고 고요해지는 마음도 대번에 찾아오지 않는다. 힘이 들어 포기하고 싶을 때, 지쳐서 그만두고 싶을 때, 더 이상 시도치 못할 것 같을 때, 파도처럼 한꺼번에 닥쳐온다. 단숨에 느껴지는 감각처럼 보일지라도 실은 시간의 축적으로 나타난 결과물이었다.

흠뻑 빠져들고 이내 잠잠해지는 순간들이 지금의 나를 만들어왔음을 기억한다. 우리는 이름 모를 도시로 훌쩍 떠나듯, 어딘가로 첨벙 빠져야만 한다. 그것이 유일한 삶의 구원이라 믿으면서. 당신은 어디를 향해 첨벙하고 있는가. 당신은 무엇으로부터 동심원을 그리며 고요해지고 있는가. 우리네 마음에 평화가 깃들기를. 옴 샨티—

추천의 말 2

작가와 요가 이야기를 처음으로 나누었던 때를 기억한다. 그때 나는 가까운 이에게 요가를 틈나는 대로 권하던 때였다. 솔깃해하는 이들은 많았지만, 몸이 뻣뻣하다며, 그게 운동이 되는지 모르겠다며, 요가가 그렇게나 좋냐는 말에 '그게 다가 아닌데…' 하며 몇 차례 낙담했던 터였다. 그러던 차에 오랜만에 조우한 그가 마침 요가원에 등록하고 온 참이라고 했으니, 그렇게 반가울 수가 없었다.

    인제 와서 고백하는 일이지만, 그때 나는 그가 요가를 좋아하게 될 것이라고 확신했다. 삶과 글쓰기와 요가는 언뜻 보았을 때 껍데기만 다를 뿐, 결국 같은 일이니까. 주변 사람 중 가장 진지하게 삶을 고민하고, 성실하게 글을 쓰는 그에게 요가가 맞지 않을 리 없다고 생각했다. 아니나 다를까, 몇 달이 지난 뒤, 그는 내게 조심스럽게 요가 에세이의 추천사를 써 줄 수 있는지를 물어왔다. 기쁜 마음으로 수락하여 쓰고 있는 글이 바로, 이 글이다.

지금 바로 여기에 몰입하는 나, 그리하여 몸과 정신이 일체화되는 일, 그것이 요가 상태라고 한다. 그러니까, 우리는 삶 곳곳에서 나도 모르게 요가하고 있는 것이다. 좋아하는 팀을 목청 터지게 응원하는 순간에도, 끓는 찌개에 넣을 대파를 부지런히 썰고 있을 때도, 사랑하는 사람의 눈 속 깊은 곳을 바라볼 때도, 하루를 돌아보며 글을 쓰고 있을 때도 말이다. 이 책을 통해서도 우리는 자연스레 요가하게 된다. 작가가 요가원을 처음 찾은 날, 하나씩 새로운 아사나를 익히는 모습, 호흡을 가다듬고, 다리를 접고, 허리를 구부리는 그의 움직임을 따라가다 보면, 자연스레 고요한 요가원의 분위기에 젖어 들며, 함께 숨을 고르게 되는 것이다.

한 숨, 한 숨, 한 동작, 한 동작 헛되이 흘려보내지 않은 그 찰나의 순간들을 담고, 고르고, 갈고 닦아 온전한 문장으로 내놓은 이 책으로 요가하면서, 우리는 이런 질문도 하게 된다. '나는 지금 이 순간을 어떻게 살아내고 있는가. 그저 흘려보내지 않고, 그렇다고 해서 너무 애쓰지도 않는, 그 균형을 찾아가고 있는가.' 하고 말이다. '요가가 그렇게나 좋냐'는 말을 다시 듣는다면, 나는 조용히 이 책을 건넬 것이다. 몸을 늘리고 구부리고 세우는 것, 그 이상인 요가가 무엇인지 이토록 성실하게 보여주고 있으니 말이다.

독립출판 작가 본본

첨벙하고 고요해지면서

ⓒ 이택민, 2023

초판	**1쇄 발행**	2023년 6월 14일
개정증보판	**1쇄 발행**	2023년 10월 13일
	2쇄 발행	2024년 7월 25일
2판	**1쇄 발행**	2025년 8월 13일

지은이 이택민 **펴낸이** 이택민 **그림・디자인** 선영

책편사
이메일 chaekpyunsa@gmail.com **인스타그램** @chaekpyunsa
블로그 blog.naver.com/readwithpoet **등록번호** 제2020-000027호

이 책의 저작권은 지은이와 책편사에게 있으며 책에 수록된 그림은 작가에게 있는 것으로 무단 전재와 복제가 법으로 금지되어 있습니다.

ISBN 979-11-989568-4-2(13690)